日英同盟

同盟の選択と国家の盛衰

平間洋一

角川文庫
19326

日英同盟

同盟の選択と国家の盛衰

第5章　日露戦争後の日英同盟　71

第6章　日本海軍の対英支援作戦　93

はじめに

本書のタイトルは二〇〇〇年六月にPHP研究所から出版された『日英同盟——同盟の選択と国家の盛衰』とおなじであるが、世界情勢の変化や筆者の知見の深化から前書を全面的に書き換えたことを最初に断っておきたい。

当時は冷戦の最盛期で脅威の対象はソ連であったが、それから一五年が経過し、多極化、無極化が進み脅威の対象も国境を越えたイズムの「イスラム過激派IS（イスラム国）」や、軍備増強が続き武力や威圧で領土を拡張している中国に変わった。また、著者も村山《むらやま》内閣が進めた日英歴史交流事業や山梨学院大学が主催した日露戦争一〇〇周年行事への参加などで研究の進展もあったからである。

日本一〇〇年の近現代史は、見方によっては総《すべ》てが中国をめぐって展開されてきた。日清戦争も日露戦争も、そして日英同盟も、さらにワシントン体制も「中国に関する九ヵ国条約」など、すべてが中国を対象、あるいは中国に関係したものであった。また、太平洋戦争も見方によっては、日米の中国市場をめぐる経済的な対立が爆発したといえなくもない。すなわち、この北東アジアの国際政治に大きく関わる国は中国と日本、それに世界の大国のイギリス（第一次世界大戦後はアメリカ）との三角関係であったが、遅れて中国市場に参入したアメリカは、門戸開放・機会均等を強硬に繰り返し主張した。一方、中国に最大の利権を持つ日本は、これを阻止しようと抵抗した。つまり日米はペリーの日本来航以来、中国をめぐって争ったのであった。これが過去一世紀にわたる日米中の基本的構図であり、二一世紀もこの構図は変わっていない。

地政学的にも北方には強国ロシア、西方には広大な中国、さらに不安定な朝鮮半島が間近にあるなど、日本を取り巻く環境は一〇〇年前の日英同盟時代と基本的には何ら変わっていない。日米の中国への対応がアジアの未来を決すると言われるだけに極めて重要であるが、日英同盟の時代も現在も、アメリカの中国に対するあこがれやファンタジー、中国市場に対する過大期待も、日米の中国市場に対する執着も変わっていない。

また、中国の過去一世紀の歴史を見ても、政治体制や社会体制も、諸外国との関係も、日英同盟の時代や一九三〇年代の中国と変わっていない。そして、日米両国は一九三〇年代と同じように中国の扱いをめぐって揺れている。

変化したことと言えば、欧米帝国主義諸国から「百年国恥（一〇〇年にわたる屈辱）」を受けたとし、今、この屈辱を回復する「中国夢（チャイナドリーム）」をスローガンに、「蛮狄《ばんてき》小邦」と蔑視する日本に日清戦争で敗北したから、西欧帝国主義諸国の侵略を受けるようになったと異常なまでの対日屈辱感を抱く中国の軍事大国化である。

中国は最新の軍事力を誇示することで「日本を震え上がらせ、世界に向けて中国が戦後の世界秩序を守る断固たる決意をしめす」（『人民日報』）と、二〇一五年の「抗日戦争勝利記念日」の九月三日前後に「反ファシスト戦争勝利七〇周年」の大軍事パレードをすると表明し、ロシアからプーチン大統領が出席を表明するなど北東アジアの緊張の高まりも大きな変化であろう。

日英同盟が締結されたのは一九〇二（明治三五）年であり、一世紀も昔の同盟であり学ぶには古すぎるとの印象が強いが、日英同盟の歴史をたどると、集団的自衛権の問題や戦域問題、世論の分裂など、そこには現在問題となっている日米安保条約にも通じる多くの類似点があり、二一世紀の日本の針路を考察するうえに多くの示唆を与えてくれるのではないだろうか。

「歴史は未来へのベクトルである」といわれ、歴史は未来を予察するうえに極めて有効な基準を与えてくれる。たとえば、日英同盟を日米安保に、東南アジア諸国連合（ASEAN Regional Forum）や、アセアン地域フォーラム（ARF）などの多国間安全保障体制（Maltilateral System）を太平洋に関する四カ国条約や九カ国条約に、大東亜共栄圏を東アジア共同体に、ワシントン軍縮条約を核拡散防止条約、海底非核化条約や戦略兵器削減条約などに置き換え、それらの条約が締結されたときの状況や、その条約に対する日本や列国の対応を学べば多くの遺訓が見出《みいだ》せるであろう。

特にソ連という日米共通の脅威が消えた現在の日米安保条約と、ドイツという日英共通の敵が消えた時の日英同盟との間には多くの類似点があり多くの遺訓が見出せるのではないか。

また、日英同盟二〇年の歴史を学べば、国際機関の限界や同盟国選定の要件、同盟の利点や問題点、それを解決する対策など、今後の日本の針路を考究するうえに、学ぶべき多くの遺訓が見出せるのではないか。このような考えから、本書では日英同盟と日米安保を対比しつつ、同盟の選択と国家の盛衰ということを視座に、日英同盟の価値と継続の困難さ、日英同盟の変質に対する日本の対応、同盟解消後の日本の動向、さらには国際連盟や多国間安全保障体制の安全保障上の価値と限界などを述べてみたい。

日本は島国という地理的環境から、蒙古《もうこ》襲来以外に外国から侵略された体験がなく、明治に入るまで他国と軍事同盟を締結し、パワーバランス（勢力均衡）を図るという同盟政策をとる必要がなかった。このため経験上からも理論上からも同盟政策については西欧諸国に比べ格段に遅れてしまったが、本書により同盟国選定の要件や、同盟政策の利点や欠点が理解され、日本の安全保障政策の論議に歴史的・戦略的思考が加えられることになるならば、これに過ぎる喜びはない。

平成二七年六月二四日　空虚・無意味な国会中継を見ながら

平間洋一

第1章　日朝清三国同盟から日英同盟へ

1　日朝清三国同盟論

欧米列強の東洋への侵略に対する同盟論の萌芽《ほうが》は、幕末の尊皇攘夷《じょうい》論の思想的原典となった水戸《みと》徳川《とくがわ》家の家臣・合沢正志斎の『新論』(一八二五年稿)に見出《みいだ》せる。合沢は西欧諸国の侵略は通商と布教を巧みに組み合わせ、キリスト教の布教によって民心を奪い、これを味方として土着権力に反逆させるのを常套《じょうとう》手段としている。しかし、西欧諸国の侵略に日本一国で当たるのは困難なので、中国やモンゴルさらにはトルコやムガール帝国(インド)などとの連携も示唆していた。

一方、熊本藩士の横井小楠《よこいしょうなん》は日本・清《しん》国・朝鮮が協力するのが不可欠であると提唱した。

このような考えから日本政府は明治維新四年後の一八七一年には、不平等条約で苦しんでいた清朝政府と、「若《も》し他国より不公及び軽蔑《けいみやく》する事有る時、共に知らせを為《な》さば何《いず》れも互いに助け、或《ある》いは中に入り、程良く取扱友誼《ゆうぎ》を敦《あつ》くすべし」との「日清修好条規」を締結したが、この条約が独仏などからは日中同盟と捉えられ黄禍論的懸念が示された。

一八九三(明治二六)年には樽井藤吉《たるいとうきち》が『大東合邦論』を著し、日朝が対等な関係で合併し「亜細亜《アジア》黄人国之《の》一大連邦」を建国し、清国と同盟し西欧列強の侵略と戦い、東洋文化を守り東洋の衰頽《すいたい》を防ごうと主張した。この三国同盟論は当時の朝鮮でも金玉均《きんぎょくきん》などが

「三和主義」として協賛していた。このように明治初期のアジア主義は西欧諸国のアジア侵略から生まれたが、内田良平《うちだりょうへい》の「余は人類同胞の義を信ぜり、ゆえに弱肉強食の現状を忌めり。余は世界一家の説を奉ぜり」などと、世界一家の大家族主義的な思想が底流にあった。

さらに西欧諸国の清国への侵略が進むと、列国の中国分割を阻止し中国の領土を保全すべしとの意見と、日本の経済的発展から西欧諸国同様に中国市場を確保すべきであると二つのベクトルに分かれた。

一八九八年には亜細亜協会、一八九〇年には東洋や太平洋を調査研究し「未開の地は以《もっ》て開くべく、不幸の国は以て扶《たす》くべし」との東邦協会が創立された。次いで一八九八年には陸羯南《くがかつなん》、三宅雪嶺《みやけせつれい》、犬養毅《いぬかいつよし》らが創立した東亜会と合体し、「支那を保全す」「清国を開発す」などを綱領に掲げた東亜同文会が近衛《このえ》篤麿《あつまろ》を会長、陸羯南を幹事長として創立され、ここにアジア主義者たちの同盟論は日朝二国から日清朝の三国同盟へと発展した。

2　列強に分割される中国

一八九四（明治二七）年四月に、朝鮮全羅北道の一隅に起こった東学党の乱を契機に始まった日清戦争の講和会議が下関で行われ、一八九五年四月一七日に講和条約が調印され、朝鮮の清国からの独立承認（朝貢体制からの離脱）、遼東《りようとう》半島・台湾・澎湖《ほうこ》島の割譲、賠償金二億両の支払いが協定された。日清戦争が日本の勝利に終わり、中国の弱体化を見たヨーロッパ列強は、中国から次々と租借地を手に入れ、鉄道敷設権や鉱山採掘権を獲得するなど、中国の植民地化が急速に進んでいった。

三国干渉当事国のドイツは、ロシアが冬季の艦隊泊地として利用していた膠州《こうしゆう》湾に目を付け、一八九八年八月にウイルヘルム皇帝自身が訪露し、ニコライ皇帝の了承を受けると、同年一〇月には宣教師殺害を口実に、陸戦隊を上陸させて膠州湾を占領・租借し、山東《さんとう》鉄道の敷設権や鉱山採掘権を得た。フランスは一八九五年に西南諸州の利権を獲得し、一八九九年には広州《こうしゆう》湾一帯を租借した。イギリスは勢力均等を名目に、一八九九年に九龍《きゆうりゆう》半島と威海衛《いかいえい》を租借した。

これらの諸国中、一番大きな野望を示したのがロシアで、ロシアは三国干渉により遼東半島を日本から返却させたことを恩義として清国に近づき、一八九六年には李鴻章《りこうしよう》を五〇〇億ルーブルで買収し露清密約（別名・李鴻章・ロバノフ協定）を締結し、(一) 日本の侵略には露清両国が共同で防衛する、(二) 戦争の際には中国の港湾を自由に使用できる、(三) 兵員輸送のためシベリア鉄道を、北満州《まんしゆう》を横断してウラジオストクまで敷設することなどに合意させた。さらに、一八九八年には旅順・大連を租借し、東清鉄道と結ぶ南満支線の敷設権を獲た。

このようにロシアが長城以北と満州、イギリスが揚子《ようす》江《こう》流域、フランスが広東などの南

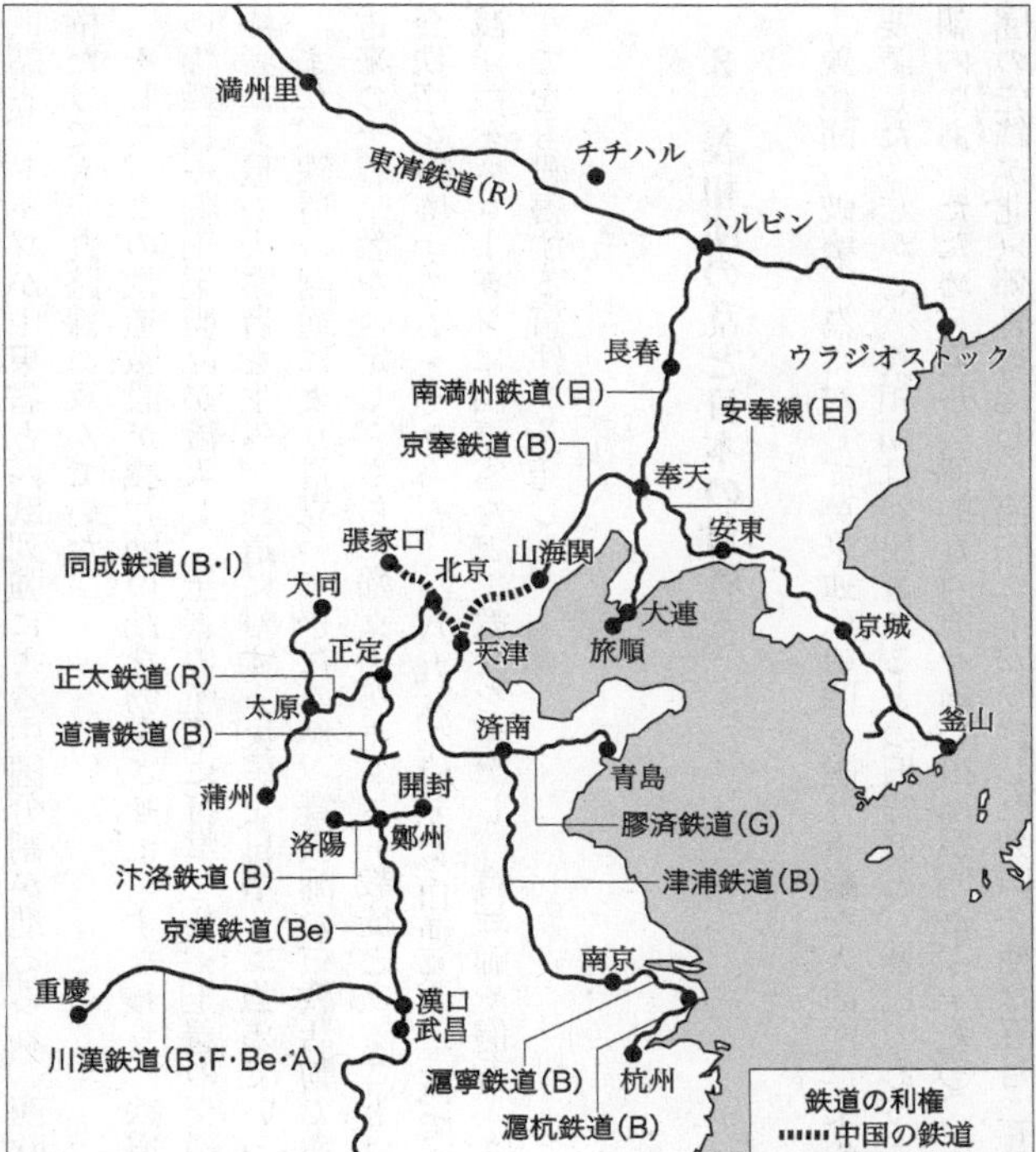

1900年前後の主な中国の鉄道

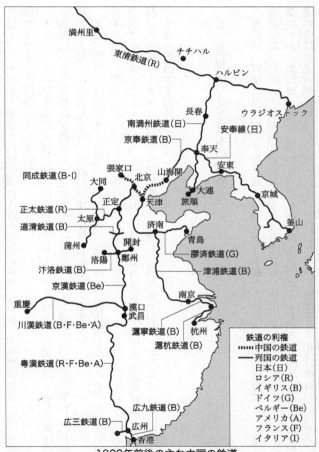

西諸省、ドイツが山東省と西欧列強による中国分割が進められ、西欧列強が得た鉄道敷設権だけでも一九路線に及んでいた。

そして、この鉄道敷設が義和団の乱を勃発させた。すなわち、鉄道敷設とともに外国製の綿織物や軽工業製品が流入し、土着の産業に打撃を与え土着の交通業に従事していた労働者に大量の失業者を生み、鉄道に対する反感を日増しに強めていった。

また、鉄道の開通により目立ってきたのが、宣教師の布教活動であったが、これは中国古来の土着宗教を否定し、さらに婦女子がキリスト教徒となることは、伝統的な中国の社会秩序を破壊することであった。一八九八年頃から白蓮教の一派である義和団が、「興清滅洋」をスローガンに山東省などで教会を襲撃し、宣教師や信者、さらには一般の外国人までをも殺害する事件が多発した。

3 義和団の乱と日本の対応

義和団の破壊行為に対して英米独仏の四カ国は軍艦を大沽《ターク》沖に集めて清朝政府に取締を要請した。しかし、義和団は義民であるとの旧守派と、暴民であるとの開明派の対立が清朝内にあったため、何ら具体的な対策を講じ得なかった。一九〇〇年四月二二日には義和団の先鋒《せんぽう》が北京郊外に達し、治安に不安を感じた列国公使は五月二八日の第四回列国使臣会議で、大沽沖の軍艦から警備兵を招致することを決し、五月三一日には日英米露独仏など七ヵ国の陸戦隊三九四名が、公使館警備のために北京に集められた。

しかし、さらに事態が緊迫したため、大沽沖の八ヵ国の艦艇から第二陣として、六月一〇日には二〇四〇名の陸戦隊がイギリス支那艦隊司令官エドワード・シーモア中将の指揮下に北京に向かった。だが、北京への鉄道が破壊されて前進が不可能となっただけでなく、退路の鉄道も破壊されシーモア隊は孤立してしまった。六月一一日には日本公使館書記生杉山彬《すぎやまあきら》が、二〇日にはドイツ公使ケッテラーが清国兵に殺害され、一九日には各国公使に二四時間以内の立退きが要求された。二〇日には義和団と清国兵が交代し二一日には各国公使に宣戦が布告され、正規兵による攻撃が開始された。

事態が緊迫し大兵力が必要であったが、多量の兵力を早急に派遣できる国は距離的に近い日本しかなかった。イギリスはドイツやロシアを牽制《けんせい》する上からも、日本の派兵を強く望んでいた。六月二三日には駐日代理公使J・B・ホワイトヘッドが、迅速な行動が必要であり、地理的に好位置にある日本の意向がきわめて重要である旨のロバート・セシル・ソールスベリー外相の覚書を手交した。だが、七月三日には事態は危急であり、一刻も早く救援が求められており、イギリス政府は日本政府が如何《いか》なる措置を取られるか承知したいと、日本政府の意向をたずねた。

次いで七月五日には「北京の事態は重大であり、日本を除いて他に兵力を派遣できる国はなく、日本の派兵は列国共通の要望である」と書面で要請し、七月八日には「在北京各国公使館ヲ救援スルニ於テ、成功ノ望ミアルモノハ独リ日本国アルノミ」であり、派兵に必要な財政援助（七月一四日に一〇万ポンドを提案）をも辞さない旨を伝え、さらに「若シ日本国ニ於テ遅速スルニ於テハ、重大ナル責ヲ負ハサルベカラズ」と派兵を迫った。

当時の日本は日清戦争で国力を消耗し、ロシアが朝鮮半島南端の馬山浦《まざんぽ》を租借するなど、露骨な南進政策を続けており、日本にはロシアに対する警戒も必要であった。さらに、黄禍論が広く流布し黄色人種の小国日本が、ヨーロッパ列強と肩を並べて中国大陸へ進出することへの強い反感と警戒感が欧米諸国にはあった。

四月五日には在北京公使館海軍武官の森義太郎中佐から、海軍軍令部長伊東祐亨《いとうすけゆき》大将に、「義和団党天津《てんしん》北京ニ侵入セリ、英米独仏公使同盟各国軍艦ヲ大沽ニ呼寄セ総理衙門（総理府）ニ迫リ、今後二ヶ月以内ニ鎮撫《ちんぶ》セサルトキハ安危計リ難シ、各国兵力ヲ合セ鎮撫ヲ計ルヘシトノ強迫談判ヲ開始セントス」との電報が入った。

しかし、総理の伊藤博文《いとうひろぶみ》は、「局面の趨勢《すうせい》未だ予測し難いときに、日本のみが軽々しく大兵を出し、国力を消耗するのは不可」としていた。このため海軍も大兵力を展開することを控え、巡洋艦一隻を派出したに過ぎず、シーモア隊に参加した兵力は六月四日早朝に大沽沖に到着した巡洋艦笠置《かさぎ》から派出された陸戦隊五三名に過ぎなかった。また、青木周蔵《あおきしゅうぞう》外相も重なるイギリスの要求に、列国との協調が重要であると回答し、「列国が今後共同措置について如何なる方針をとるか、再度意見を交換すべし」と、欧米各国の意向を確かめるよう在外公使に指示を発するなど、兵力派遣には列国との協調を重視し、極めて慎重な態度を侍していた。だが、事態の急迫やイギリスの強い要請を受け、七月一五日には参謀本部第二部長福島安正《ふくしまやすまさ》少将を指揮官として、とりあえず第一次臨時派遣隊一二八八名を派遣することとした。

4 ロシアの抜け駆け

六月一七日に大沽砲台と列国艦艇との間で戦闘が開始され、砲台は英独日露の四ヵ国陸戦隊により占領された。天津では外国人居住地が清国正規軍と義和団に包囲され、銃撃戦が続いていた。連合国の在天津兵力は、二〇日に帰還したシーモア隊と二三日にはアナトーリー・ステッセル少将指揮のロシア軍一六〇〇名、二九日には福島安正少将の率いる第一次臨時派遣隊九〇〇名が到着し八〇〇〇名となった。

七月二日にはシーモア中将の本営で連合軍指揮官会議が開かれ、天津城攻略作戦が決定された。しかし、会議後にロシア軍から参加を取りやめるとの申し出があり、攻略作戦は延期された。

その後、一二日には日本から第二次派遣隊が到着し、ロシア軍抜きでも攻略が可能となり、一四日にはドイツとロシア軍を除いた日英仏米四ヵ国軍で天津城を攻略した。さらに七月中旬から下旬にかけて山口貞臣中将指揮の第五師団主力も到着、七月三一日には旅順《りょじゅん》

義和団事件時の列国の派出兵力と戦死者・負傷者数 (単位:人)

国名	北京解放戦闘参加兵力		北京解放までの戦死・負傷者数		事件10カ月後(1901年3月)の兵力
			戦死者	負傷者	
日本		1万3000	349	933	6000
ロシア		8100	160	741	9000
イギリス	陸軍	4604	64	288	1万2850
	陸戦隊	1200			
フランス		2190	50	166	1万4050
アメリカ	陸軍	3360	48	231	1600
	陸戦隊	700			
ドイツ	陸戦隊	450	60	244	1万7750
イタリア	陸戦隊	100	18	18	2350
オーストリア	陸戦隊	140	8	33	230

からロシア軍指揮官ニコライ・リネウィッチ中将も到着し、大沽から天津にかけて展開された兵力は三万を超え、その内の二万が日本軍であった。指揮権は最大の兵力を派出した日本軍が執るべきであった。

だが、列国の権益が交差する中国に日本が進出することに対して、ヨーロッパ諸国が険悪観を持っていたため、政府は山口師団長に「貴官ハ勉メテ連合軍総統ノ重責ヲ辞シ」、「福島少将ニ軍議ヲ授ケテ列国トノ軍議協商」を進めよと、日本軍が突出することのないよう指示した。

八月三日、ロシア軍司令部で八ヵ国の連合軍指揮官会議が開かれ、北京への進撃が討議された。

しかしロシアは満州を占領する時間的余裕を得るため、またドイツやフランスは増援部隊が到着して発言権が高まるまで救出作戦を延期しようと、ことごとに日米英三ヵ国提案に反対した。その後、なんとか日米英の主導で会議は進められ、八月四日には一万六〇〇〇名の部隊が北京に向けて出発した。

北京への進撃中にもロシア軍の抜け駆けや、協定違反などが多々あったが、一二日に通《つう》州《しゅう》城を攻略した。通州城占領後の連合国指揮官会議で、北京総攻撃は一五日黎明《れいめい》と決まった。しかし、またもロシア軍は協定を破り連合国を出し抜いて、一三日早い一三日朝に攻撃を開始したが、強硬な抵抗を受け連隊長が戦死、参謀長が負傷するなど多大な損害を受けると、連合国に支援を依頼してきた。

このため総攻撃は一日早まり、一四日午後にはイギリス軍が公使館地区に到着し、ここに五月二〇日以来五五日間にわたって籠城していた公使館員や在留民三八〇〇名と、清国キリスト教徒六〇〇名が救出された。

5　連合国のパワーポリテックス

連合軍が北京に入り治安は回復に向かうが、暴徒と化した中国人や進駐した連合軍兵士、特にロシア軍兵士の混乱に乗じた略奪や暴行はすさまじく、連合軍は市内各所に歩哨《ほしょう》を配置して治安を維持しなければならなかった。紫禁城の財宝を守るためアメリカ軍が南門、日本軍が東華門、神武門、西華門の三門を警備した。

特記すべきことは日本軍が治安の維持に積極的に取り組み、さらに日本軍の規律が列国に比べて極めて厳正であったため、日本軍管轄地域が安全であるとの噂が拡がり、大勢の中国人が保護を求めて流れ込んで来た。また日本軍に接収されていれば略奪を免れると、多数の民家やジャンクなどに日の丸が掲げられたため国家の威信にかかわると、「みだりに日の丸を掲げてはならない」との通知を出したという。

公使館地域が解放されて北京が平穏に戻ると、各国は次第に独自の利益を求めて動き始めた。ロシアは満州平定作戦に兵力を投入するため、治安の悪い北京から天津に公使館を移転してしまった。一方、講和会議で賠償問題や利権問題などを有利にしようと、ドイツはアルフレド・フォン・ワルデルゼー元帥を指揮官に一万七七五〇名の大軍を送ってきたが、ドイツ軍が到着したのは公使館員救出二ヵ月後の九月二七日であった。

ロシア皇帝の推挙もあり階級も元帥と列国軍人中の最高位であったため、ワルデルゼー元帥が連合軍の指揮をとった。そして、ドイツやフランスは清朝廷が遠く西安《せいあん》に逃れ、義和団も四散したにもかかわらず、この機会を利用し権益を拡大しようと、一〇月一七日には北京南方一四〇キロメートルにある保定府《ほていふ》の懲戒的攻撃を開始した。

この作戦に日本軍は北京警備を理由に参加しなかったが、ドイツ・フランス・イタリア、それにイギリス軍が参加した。しかし、これら四カ国の部隊が保定府に着いたときには、盧漢鉄道（盧溝橋—漢口間）に利権を持つフランスが別働隊を派遣して占領していた。

一方、ロシアは欧露から一ヶ旅団をシベリア鉄道で、二ヶ旅団を海路で旅順に送り、列国の眼が北京に向いている間に、八月二六日にはチチハル、九月二一日には長春《ちょうしゅん》、二三日には吉林《きつりん》、二六日には遼陽《りょうよう》、一〇月一日には奉天《ほうてん》を占領し、満州をほぼ完全に支配下に置いた。

そして、一一月には極東総督エヴゲーニイ・アレクセーエフが盛京将軍増祺《ゾウキ》を脅迫して、満州を保護下に置く第二次露清密約（旅順協定）を締結した。清国政府は最大の兵力を派遣し、最高額の賠償金を要求しているドイツの好意に期待し調停を依頼したが、それは見事に裏切られてしまった。ドイツとロシアの間にはドイツは華北、ロシアは満州と、ポーランド分割時と同じような密約があったのかもしれない。

6　『ロンドン・タイムズ』の親日論

日英同盟が閣議で討議されたときにミッシェル・ヒックス・ビーチ蔵相が「この同盟で何らかの利益が得られるとすれば、それは日本の海軍力である」と説明したように、イギリスを極東の小国日本との同盟に踏み切らせたのは、日本の成長であり日本の海軍力の成長であった。

さらに、同盟締結を促進したのが、義和団に包囲され北京に籠城した時に、砲艦愛宕《あたご》から派出された陸戦隊と、駐清イギリス公使クロード・マクドナルドの参謀長的役割を果たした陸軍武官柴五郎《しばごろう》中佐の活躍であった。

北京に籠城した列国兵士の数

国　名	士官	下士官・兵	国　名	士官	下士官・兵
日　本	1	24	イギリス	3	79
フランス	3	75	ロシア	2	72
ドイツ	1	51	オーストリア	5	30
イタリア	2	39	アメリカ	3	52

天津沖の軍艦から公使館警備に派出された各国の兵士の数は次表のとおりで、日本の兵力は海軍大尉原胤雄《たねお》を隊長とした二五名に過ぎなかった。六一四トンの砲艦では二五名が限界であったであろう。

しかし、この兵士の厳正な規律と勇敢な行為や、その後に派遣された陸軍部隊の善戦と兵士のモラルの高さが、『ロンドン・タイムズ』の北京駐在特派員G・E・モリソン記者によって世界に大きく報道された。

モリソン記者は北京籠城中の日本兵の善戦、特に語学研修中の安藤辰五《あんどうたつご》郎《ろう》大尉が大砲を捕獲しようとして壮烈な戦死をしたこと、日本軍指揮官の指揮のすばらしさと兵士の武勇と軍規の厳正さ、臆病なヨーロッパ諸国の兵士の様子を包み隠さずに書いた。

北京からこの記事を受信した『ロンドン・タイムズ』は、社説で「北京籠城中の外国人の中で、日本人ほど男らしく奮闘し、その任務を全うした国民はない。……日本兵の輝かしい武勇と戦術が、北京籠城を持ちこたえたのであった」と絶賛した。

そして、このモリソン記者の日本軍の善戦の報道や露清密約の暴露などが、イギリスやアメリカの世論を反露へと傾け、それがイギリスの親日世論を喚起し、日本との同盟に踏み切る一因となったのであった。

第2章　日英同盟とイギリスの真意

1　変化した日本への警戒心

いかに当時のヨーロッパで黄禍論が流布し、対日警戒心や猜疑《さいぎ》心が強かったか、また、この出兵が国際政治上から、いかに有効であったかは、義和団事件後にフランス駐在の栗《くり》野慎一郎《のしんいちろう》公使が送った次の報告やフランスの新聞を見れば理解できるであろう。

【栗野大使報告】

フランスにおける対日世論が好転し、「日本国ニ関スル語調極メテ良好ナル変更ヲ来シタルヲ報告スルハ、欣喜《きんき》ニ堪ヘサル所ナリ。我将来ノ態度ニ就キ、欧州ノ猜疑《さいぎ》若《も》シクハ嫌悪《けんお》ヲ誘発セントスル如キ論説及記事ハ最早ソノ跡ヲ絶チ、極東ニ関スル欧州会議ニ日本国ノ加入セルハ既成ノ事実トナレリ」。

【フランスの新聞】

「花の咲く木のある家の門前には人が集まる。日本は清国に対してよりも、一層大きな勝利をヨーロッパに対して得た。もう日本は、今後、したいことのできる独立の国である。日本は他の列強と同じように、もう勝手に他国の土地を取り蚕食《さんしょく》してもよいのだ。もう西欧列強も日本のすることに干渉はできない」。

同盟条約の締結には、いかに「ともに血を流す」ことが、また、信頼できる軍事力を保有していることが重要であるかは、次に示す山梨勝之《やまなしかつの》進《しん》大将の回想録を見れば理解できるであろう。

賠償金額の配分状況（単位・海関両）

国　名	比率(%)	賠償金額
ロシア	28.98	130,371,120
ドイツ	20.02	90,070,515
フランス	15.75	70,878,240
イギリス	11.25	50,620,545
日　本	7.73	34,793,100
アメリカ	7.32	32,939,055
イタリア	5.92	26,617,005

「当時ロンドンにいたが、福島《ふくしま》少将以下の日本の将兵が、堂々と行動している映画をたびたび見た。その人気と同時に日本陸軍および国民というものは、なるほど頼りになるものであるという証拠を間違いなく見せつけたのである。これが日英同盟というものの締結に大いに力あったわけです」。

この事変に対する列国の賠償要求額は表の通りで、この賠償金額から列国のあくなき国益追求の実態と、全兵力の六割近くを派出しながら賠償金はロシアの四分の一、ドイツの三分の一、フランスの二分の一しか要求しなかった日本の公正な姿勢が理解できるであろう。

このほか、ベルギー一・八九%、オーストリア・ハンガリー王国〇・八九%、オランダ〇・一七%、スペイン〇・〇三%、ポルトガル〇・〇二%、スウェーデン〇・〇一%の配分を受けた。

2 気の進まぬ日本との同盟

ヨーロッパ諸国から見れば、現在と同じように中国は大きく、日本は小さく、中国には未来があると見られていたし、「眠れるトラ」とそれなりの力を認めていた。このため、イギリスはかねてから日本より中国をアジアにおけるパートナーと考えていた。しかし、日清戦争の勝利と義和団の乱が、イギリスの日本に対する評価を変えた。とはいえ、日英同盟への道は険しく幾多の障害があったと、黒羽茂《くろばねしげる》は『日英同盟の軌跡』で次のように述べている。

イギリスにとり新興国日本が、中国大陸に積極的に進出することは好ましくなかった。また、中国に最大の権益を持つイギリスとしては、中国の現状維持が望ましく、中国が混乱することを最も怖れていた。このため朝鮮問題を契機として日清が対立すると、ロシア、次いでアメリカを誘って日清両国に平和的解決を要望した。

しかし、成功せず日清戦争が勃発すると、直ちに日本に戦禍《せんか》を上海地域に及ぼさないよう申し出るとともに、厳正中立を宣言した。その中立は「一片の外交辞令」に過ぎず、イギリス支那艦隊は日本艦艇の動きを清国海軍に通報し、中立条約に違反してイギリス商船高陞号《こうしょうごう》は清国陸軍を輸送し、グラスゴーで購入した商船土佐《とさ》丸を軍事輸送にも使用できると出港を差し止めた。このように戦争初期のイギリスの中立は、明らかに中国寄りの中立であり、イギリス政府も世論も反日親清的態度を示していた。

また、イギリスには日英同盟に対する多くのマイナス要因が存在していた。第一は日英同盟の締結は、東トルキスタン・チベット・ペルシャ湾・アフガニスタン・バルカンなどで、対立しているロシアを完全に敵にしてしまうことを意味し、ボーア戦争で苦戦中のイギリスは、フランスやロシアと敵対関係になることは避けたかった。

第二に通商国家のイギリスとしては極東の平和が望ましく、日本との同盟は戦争を誘発する恐れがあった。第三に日本の軍事力は増強されつつあったが、同盟を締結したとしても日本の軍事力には余り期待できなかった。第四は国民の中には非キリスト教徒で、黄色人種の国である日本と対等な同盟条約を結ぶことへの抵抗もあった。

同盟の基本はパワーバランスであり、軍事力である。義和団事件時に集結した列国の艦艇数は次の通りで、この艦艇の隻数にイギリスは日本が同盟国として「頼りになる」と考え始めたのであった。

義和団事件時の各国艦艇派遣数

国　名	事件発生時	事件２カ月後
日　本	1	14
イギリス	7	8
ロシア	6	9
フランス	2	5
ドイツ	2	5
イタリア	2	2
アメリカ	1	1
オーストリア	1	1

日本は艦艇だけではなく、それを支える後方支援施設なども整備されていた。欧米諸国は極東に艦艇を派遣していたが、アジア・太平洋地域で軍艦を整備できる施設や技術、特に乾ドックは横須賀《よこすか》と呉《くれ》の海軍工廠《こうしょう》など日本にしかなかった。また、石炭も三池《みいけ》や唐津《からつ》炭が利用されており、欧米諸国は日本の協力なくして、艦艇を長期間極東に展開することは出来なかったのである。

イギリスが日本の後方支援能力に期待していたことは日英同盟条約調印時の口上書の第一番に、「一方ノ軍艦ガ他ノ一方ノ港内ニ於テ入渠《にゅうきょ》スルコト、及ビ海軍貯炭所ノ使用トソノ安全ト活動ニ関スル事項ニツィテ、相互ニ便宜ヲ与フベシ」と述べられたことからも理解できるであろう。

3　ロシアの朝鮮進出

その後、ロシアは満州のみならず朝鮮に対しても、軍事顧問や財政顧問の受け入れを認めさせ、一八九六年二月一〇日には仁川《インチョン》港の軍艦アドミラル・コルニコフから、水兵一二七名と野砲一門を公使館に運び込み、親露派の李範晋《いぼんじん》を動かして朝鮮王を公使館に移し、国王はロシア公使館から勅命を発して改革派内閣の解散を命じ、親日派などの要人を殺害した。続いて、一八九九年五月には馬山浦《まざんぽ》に軍艦三隻を入港させ、土地を購入して石炭庫を建設し、さらに黄海の要所である竜岩浦《りゅうがんぽ》を軍事基地建設のために租借し、鴨緑江《おうりょくこう》を越えて森林伐採事業を行うなど朝鮮進出の気勢を示していた。

一方、当時のイギリスはドイツに海軍力や工業力で急追され、さらに一八八二年に締結された独墺《おう》伊三国同盟と、一八九二年に締結された露仏同盟との間に挟まれて孤立し、「名誉ある孤立」も限界に来ていた。さらに、アジアではシベリア鉄道の開通も間近に迫り、ロシアの南進が続いていた。ロシアの南進に対処するにはヨーロッパで、ロシアを牽《けん》制《せい》する国としてフランスとドイツが考えられた。

だが、フランスは普仏戦争でドイツにアルザス・ロレーヌを奪われ反独感情が強く、ドイツを牽制するために露仏同盟を締結しており、協調できる関係にはなかったためネヴィル・チェンバレン植民地相は、一八九八年に露独米の三国に接近し同盟の可能性を探った。そして、一九〇〇年一〇月に清国の領土保全と機会均等を規定した英独協定（ドイツはイギリスに揚子《ようす》江《こう》流域の門戸開放を義務付けようと英独揚子江協定と呼称した）を締結した。

しかし調印後にドイツはロシアの満州進出を誘導し、東部国境のロシアの圧力を減じようと、満州が清国の一部であるのにもかかわらず、英独協定は満州には適用されないと声明しイギリスの期待は裏切られてしまった。

4　月とスッポンの結婚

世界の如何《いか》なる地点でも海軍力の優勢を確保し、パックス・ブリタニカ（イギリスの力に守られた平和）を維持してきたイギリスも、ロシアが新型艦艇を続々と極東に回航し、一九〇一年一月には次の表が示すとおり、東洋の海上勢力がロシア一国にさえ抜かれてしまった。

イギリスが極東で政治的影響力を維持するためには、本国から艦艇を回航したかった。しかし、ヨーロッパではドイツがウイルヘルム二世の強力な指導下に、第一次・第二次艦隊法を制定しイギリスを対象に大艦隊を建造中であり、ヨーロッパにおけるパワーバランス上から、極東に海軍力を展開する余裕はなかった。

このように、陽の没することなき大英帝国も、ドイツの海軍力強化とロシアの東アジア進出を前にして、第三国の協力を得なければ、既得の権益や勢力圏を維持することが困難となっていたのであった。

このため、イギリスは日清戦争開戦当時には清国寄りの姿勢を示していたが、日本軍の連戦連勝が続くと、徐々に日本寄りの姿勢に変えていった。それはアジアの問題では清国

極東における日英同盟締結時の海軍兵力表

	戦艦	装甲巡洋艦	巡洋艦	駆逐艦	トン数(万トン)
日　本	5	4	10	13	20
ロシア	5	6	2	6	12
イギリス	4	2	11	7	17
フランス	1	1	6	1	8

よりも日本を重視した方が得策と判断したからであった。しかも、伊藤博文《いとうひろぶみ》がロシアを訪問するなど日本がイギリスを選ぶか、ロシアを選ぶかで揺れていた。日本がロシアと結ぶことはイギリスには大きな打撃であり、イギリスは同盟国として日本を選ぶしか選択肢が残されていなかったのであった。この国際関係が「月とスッポンの結婚」と揶揄《やゆ》された日英同盟を締結させたのである。

しかし、この実状を知らない当時の国民は、日英同盟の締結が発表されると、不平等条約に義憤し、三国干渉を受け孤立感にさいなまれていただけに歓喜した。『國民新聞』は「かくのごとく著しき同盟の成立を、衷心より慶賀せざるもの一人もあらざらんこと勿論《もちろん》の儀」であり、同盟成立は国家、国民の喜びであると報じた。

また、慶應義塾大学の教職員や学生一五〇〇名が、国旗、英国旗と塾旗を掲げ、三田《みた》から新橋《しんばし》に出て宮城・イギリス大使館・外務省を周り、そこで祝賀の万歳を唱えたが、この行進中に次に示す「日英同盟を祝する炬火《きょか》行列の歌」を歌ったという。

朝日輝く日の本と　入り日を知らぬ英国と

東と西に分かれ立ち　同盟契約成るの日は
世界平和の旗揚げと　祝《ことほ》ぐ今日の嬉しさよ

日英同盟は近代化したばかりの小国日本が、世界の海を支配する大帝国と対等の立場で同盟を締結したのであり、日本の国際的地位を一挙に高め、明治維新以来営々と続けてきた近代化と富国強兵の夢が実現したことを示すものであり、日本中が沸いたのも無理のないことであった。

第3章　日英同盟と日露戦争

1　臥薪嘗胆の建艦計画

遅れて帝国主義諸国の仲間入りをした日本は、日清戦争に勝利し下関《しものせき》講和条約により朝鮮を清《しん》国の支配から完全に引き離し、遼東《りようとう》半島や台湾を足掛かりとして、ヨーロッパ列強並に中国大陸に乗り出せる体制を確立したかに見えた。しかし、国際関係はそのように甘いものではなかった。

日清講和条約が調印された六日後の一八九五年四月二三日に、独露仏三国の公使が外務省を訪れ、遼東半島の領有は朝鮮の独立を有名無実とし、東洋の平和に禍根を残すと中国に返還するよう勧告してきた。驚いた日本はイギリスやアメリカに仲介を依頼した。これに対して日本の中国への進出に警戒感を持っていたイギリスは、日本が台湾を領有することに異論はないが、この問題で日本を援助することは、これまた干渉になり問題を複雑にする。

イギリスの見解としては、日本が大陸に拠点を獲得することが果して、日本の将来のためかどうか疑問である。大陸に利権を持てば軍備の負担が増大し、清国やロシアが日本に対して敵意を抱き、復讐《ふくしゆう》戦を企てるかもしれない。したがって、どちらかといえば、諦めた方が良いのではないかとの回答であった。アメ

国家予算・軍事費の推移　（単位・千円）

年　度	総歳出	軍事費	軍事費の比率（%）
1895年	91,632	29,440	32
1896年	203,458	98,106	48
1897年	249,547	137,421	55

リカも仲介を拒否し、日本を援助すると回答したのはイタリアだけであった。

列強に見放され国力や軍事力に欠ける日本は、勝利の美酒も一瞬に冷め、天津《てんしん》沖に集結した独仏露三国の軍艦の砲門の前に、やむなく遼東半島を返却し、以後、この屈辱を胸に国民は「臥薪嘗胆《がしんしょうたん》」をスローガンに、富国強兵を期し増税に耐え、その後一〇年に及ぶ軍備増強を始めたのであった。

この勧告を受けた翌一八九六年の予算は日清戦争の賠償金も加わったが、一挙に二・二倍に増額された。軍事費は三倍、その翌年には四倍に跳ね上がった。それは税金も同じ率で増加したことを意味していた。つまり、当時の国民は、この大軍拡を当然の国策として認めたのであった。

そして、一八九五年一二月には第一期拡張七年計画（明治二九―三五年）として九五〇〇万円、翌九六年には第二期拡張計画として、一〇年間（明治二九―三八年）に一億一八〇〇万円の予算で、軍艦一〇三隻、一五万トンを建造する軍備拡張計画が満場一致で国会を通過した。

この一八九五年から始まった臥薪嘗胆の海軍軍備増強計画は、露

艦種別製造国

戦　　艦	三笠・朝日・敷島・初瀬・富士・八島（すべて英国）
装甲巡洋艦	出雲（英）・常磐（英）・浅間（英）・磐手（英）・八雲（独）・吾妻（仏） 日進（伊）・春日（伊）
二等巡洋艦	明石（国産）・須磨（国産）・高砂（英）・千歳（米）・笠置（米）
三等巡洋艦	新高・対馬・音羽（すべて国産）
駆　逐　艦	英国製16隻、国産8隻

独あるいは英仏の連合国が、東洋に派遣することができる艦艇数を標準とし、具体的には「六・六艦隊」という戦艦六隻と大型巡洋艦六隻を整備することであった。

当時の日本は未《いま》だ大型艦の建造技術がなかったため、これら艦艇を外国に発注しなければならなかった。この場合、同一国に一括発注するのが財政的にも、戦術や整備の点からも有利であった。

しかし、日本は戦艦六隻は総《すべ》てイギリスに発注したが、国際関係を考慮し三国干渉を行ったフランスとドイツにも装甲巡洋艦を発注し、さらにアメリカにも巡洋艦二隻を発注するなど、艦艇の建造を通じてロシアを戦略的に包囲する外交的配慮も加えていた。それほど当時の日本は国際的に孤立した弱小国で、列強とのパワーバランスに配慮していたのであった。

なお、日本海軍が日露戦争までに整備した艦艇は、軍艦五七隻、二五万一七〇〇トン、駆逐艦一九隻、水雷艇七六隻など総計一五二隻で、日露戦争に参加した主力艦艇の八割以上が上表に示すとおりイギリス製、またイギリスの支援を得て入手したものであった。

2　満韓をめぐる不毛な日露交渉

日英同盟にイギリスが期待したのは、日本との同盟を後ろ盾として外交戦でロシアの南下を阻止することであり、日露両国の戦争ともなれば貿易が阻害され、さらに日本が敗北するようなことになれば、イギリスの地位も低下するので日露が戦うことは望んでいなかった。また、日本も外交折衝によって満韓問題を解決しようと最後まで努力したことが示すとおり、日英同盟が日露戦争に連なったというのは正しくない。

日英同盟が締結された二ヵ月後の一九〇二年四月に、ロシアは一〇月以降六ヵ月毎に三期に分け、満州《まんしゅう》から撤兵する満州還付条約を清国と結んだ。そして、第一期の撤兵は実行した。

ところが、一九〇三年四月一八日に「ロシア軍撤退後は満州を他国に割譲しないこと、ロシアの同意がない限り他国の領事館を開設しないこと、占領中にロシアが得た権利は保留すること」などの、法外な七ヵ条からなる要求を清国に突き付けた。清国からこの要求を知らされると、四月二一日に京都の山県《やまがた》邸で桂太郎《かつらたろう》、伊藤博文《いとうひろぶみ》、山県有朋《ありとも》、小村寿太郎《こむらじゅたろう》などが対策を協議し、ロシアは満州、日本は朝鮮の特殊利益を相互に認める方針で交渉することを決めた。

そして、六月二三日の閣僚会議および御前会議でこの方針を再確認し、満州と朝鮮の特殊利益を相互に認め、これを保護するための出兵権を互いに認めること、朝鮮政府に対する日本政府の助言の専権を認めることなどを要求することで、ロシアに「極東ニ於ケル両国各自ノ特殊利益ヲ画定スル」ための交渉を申し出た。そして、八月一二日には上記の日本案を伝えた。しかし、ロシアでは穏健派のセルゲイ・ウイッテが罷免され、強硬派が実権を握っており、旅順《りょじゅん》に極東総督府を新設しアレクセーエフ海軍大将を極東総督に任命した。そして、この問題の交渉責任者をアレクセーエフ極東総督としてきた。

国家対国家の交渉を極東総督に任せ、軍事外交の全権を極東総督に与えたことは、ロシアが外交交渉には期待せず、戦争準備を開始したと解釈された。日本は交渉を進展させようと再三催促したが、回答が示されたのは二ヵ月も経った一〇月三日であった。しかも、その回答は満州には一切触れず、朝鮮領土の軍事利用の禁止、北緯三九度以北の中立化、朝鮮海峡の軍事施設の建設禁止など、日本の提案とは余りにも懸け離れたものであった。

また、この交渉中の一〇月八日はロシアが満州から第二次撤兵を清国に申し出ていた日であったが、それを無視したのみならず、一五日には逆に兵力を満州南部に移動させた。日本は一〇月三〇日に朝鮮と満州の国境沿いに、相互に五〇キロメートルの中立地帯を設定する修正案を提示した。だが、回答がもたらされたのは、一ヵ月後の一二月一一日であった。しかも回答は満州については一切触れず、朝鮮領土の軍事利用は依然として認めず、中立地帯もロシアの原案である三九度線以北とするなど、ロシアの最初の原案の線に戻されてしまった。

全く不誠実な回答ではあったが、日本は一二月二一日に再び朝鮮領土の軍事利用の禁止条項の撤廃と中立地帯の設定を提案した。この回答は年が明けた一九〇四年一月六日にもたらされたが、依然として朝鮮領土の軍事利用禁止と三九度以北の中立化を繰り返し、妥協したのは朝鮮に対する日本の軍事を除く助言だけであり、満州については全く触れることはなかった。ロシアの不誠実な回答を受けた一月一二日に、和戦を決するために御前会議を開催し、大山巌《おおやまいわお》参謀総長は開戦を延期することは、いたずらに敵の術中に陥るだけである。今や戦略的利害を考慮し開戦に踏み切るべきであると進言した。

明治天皇の強いご意志から、再度ロシアに再考を求めることになり、一月一六日に口上書を送付し再三回答を督促した。しかし、ロシア政府は回答に応じないばかりか、密《ひそ》かに極東の軍備増強を開始し、極東所在艦隊は二万から三万トン、軍艦は一六隻（七万三〇〇〇トン）に達し、さらに戦艦一隻、巡洋艦二隻、駆逐艦七隻、水雷艇四隻が回航中であった。また、ウラジオストックや満州の各地では部隊の移動、陣地の構築などが進められていた。

二月三日にはロシア艦隊が旅順を出撃したとの報告が入った。さっそく元老会議を、翌日午前には閣僚会議を、午後には御前会議を開催し交渉打ち切りを決し、翌五日に動員令を下した。二月六日には駐露大使栗野慎一郎《くりのしんいちろう》がロシア政府に日本政府の決意を通告し、首都ペテルスブルグを退去した。駐日ロシア公使ロマノヴィッチ・ローゼンも同日東京を去り、ここに六カ月に及ぶ不毛な日露交渉は終わった。

3 黄色人種の未開な野蛮国

一九〇四年一月八日にはイギリスの駐日武官が、あと三カ月もしたら日本は手も足も出なくなると進言し、二月二九日にはドイツから招聘《しょうへい》した医学のお雇外国人エルヴィン・フォン・ベルツ博士が、日本人の克己心《こっきしん》には敬服した。日本人はがまんし過ぎるのではないかとも語っていたことを考えると、後のないギリギリの決断であったといえよう。

だが、日本が国家の存亡を賭《と》している外交交渉を、ロシアは出先機関と交渉させ提示した案件には回答せず、しかも妥協した案件を覆して再び初期の案に戻すなど、これほど交渉当事国に対する不誠実な対応は、ヨーロッパ諸国間の外交交渉には見当たらない。このような対応が見られるのは、欧米諸国がアジアやアフリカの部族や王侯などを対象とした強圧的外交交渉だけであったが、なぜ、このようにロシアは日本を侮蔑《ぶべつ》した対応に終始したのであろうか。

それはロシアが日本を黄色人種の未開な野蛮国と見ていたためであった。如何《いか》に日本を軽視していたかを、ロシア軍人の日本軍に対する評価に見てみると、日露開戦の年の一九〇四年まで、四年間も駐日陸軍武官であったワンオフスキー陸軍大佐は、「日本陸軍がヨーロッパにおける最弱の軍隊の水準に達する軍事的基盤を得るには、一〇〇年は必要であろう」と報告していたが、これは海軍も同様で、一九〇三年四月に神戸沖の観艦式に参加した巡洋艦アスコリッド艦長グラムマチコフ大佐も、「日本海軍は外国から艦艇を購入し、物質的装備だけは整えた。しかし、海軍軍人としての精神は到底われわれには及ばない。さらに軍艦の操縦や運用に至っては極めて幼稚である」とローゼン駐日公使に語っていた。

このような報告を受けたためであろうか、開戦八カ月前の五月に来日し、戦闘教練などを教える陸軍戸山《とやま》学校を視察したアレクセイ・クロパトキン大将は、「日本兵三人にロシア兵は一人で間に合う。われわれの陸軍は一三日間に四〇万の軍隊を満州に集結できるし、その用意もしている。これは日本軍を敗北させるのに必要な兵力の三倍である。来るべき戦争は戦争というよりも、単に軍事的散歩に過ぎない」と豪語していた。

第4章　イギリスの援助

1 日露の軍艦購入競争

日露戦争時の日英同盟は戦争の場合には、日英が互いに「厳正中立」を維持するという条約であったため、中立条約に違反する武器や弾薬などの軍事的援助はなかった。しかし、「同盟国ニ対シテ他国ガ交戦ニ加ハルヲ妨クルコトニ努ムベシ」ということから、フランスやドイツの日本に対する干渉が排除され、それまで守勢作戦しか考えられなかった対露陸軍作戦を満州への攻勢作戦へと変更することとできた。また、軍事情報の提供や戦費の調達、ドイツやフランスに対する中立維持の外交的圧力、日本への同情を高める国際的世論の醸成など、日英同盟は日露戦争の勝利に限りなく寄与した。

開戦前のイギリスの好意を象徴するのは、チリ海軍がイギリスの民間造船所で建造していた戦艦コンスチチューションとリバーダットの買い上げであろう。この二隻の戦艦をチリ海軍が予算不足から売却することとなり、ロシアへの売却が確定的になると、イギリス海軍は二隻の戦艦（イギリス名・フェリーズとトライアンフ）をロシアに渡るのを防ぐために買い上げてくれた。また、イギリス海軍はイタリアのゼノアで建造中のアルゼンチンの重巡洋艦リバタビアとモレノの二隻をめぐる日露の争奪戦と、日本への回航に親身の協力をした。巡洋艦とはいえ、この二艦はリバタビアは一〇インチ砲一門と八インチ砲二門、モレノは八インチ砲四門を装備した最新鋭の強力な巡洋艦で、この二隻がロシアの手に入るか、日本の手に入るかは戦力比を激変させるだけに、日露両国は購入競争に鎬《しのぎ》を削った。

日本海軍は売却するとの情報を得ると直ちに交渉を始めたが、ロシアも密《ひそ》かに購入に動いており、交渉は秘密に行われていた。購入交渉が成功し代金を払うことになったが、突然のことであり年度末でもあり予備費がなかった。また、購入や回航は秘密裡《り》に進める必要があった。

この話を海軍大臣山本権兵衛《やまもとごんべえ》から聞いた大蔵大臣曽禰荒助《そねあらすけ》は、国会や閣議で承認を得るなどの通常の手続きをとると時間がかかり、秘密が漏洩《ろうえい》するとの理由から、問題とされたら二人で宮城前で切腹しようと山本大臣に語り、正規の手続きをとることなく一五〇万ポンドを大蔵省から横浜正金銀行を通じて支払わせ、明治三六年一二月一八日には契約に成功した。このような挙国体制を、ブラジルの観戦武官マヌエル・ドメック・ガルシア大佐(のち大将・海軍大臣)は、「ある人は日本海海戦の勝利は海軍軍人のみならず、日本人総《すべ》ての努力によるものであると言った。これは疑いのないことであり、対馬《つしま》においてロシアを敗北させた日本人ほどの、熱烈な愛国心を有する国民を他に見出《みいだ》すことは困難であろう。……呉《くれ》や佐世保《させぼ》の海軍工廠《こうしょう》において、修理中の水雷艇の船体に鋲《びょう》を打つ慎ましい工員から、最高責任者という高い地位にある提督に至るまで、すべての人間が祖国日本に奉仕するため、任務を遂行していると自覚している。このような考えや感情は軍事を中心とする領域に止《とど》まらず、日本の国家全体に及んでいた。そして、官民一体となって日本国民全体が気持ちを一つに揃えて、戦いに勝利するという目標に貢献しようと邁進《まいしん》したのである」と「日本海海戦報告」を結んでいる。

2　春日と日進の日本回航

次の問題は日本への回航であった。日露の緊張は高まっており、この二艦を無事に日本に回航できるか否かが大きな問題であった。イタリア籍のまま回航したのでは、途中で開戦になった場合にはロシア海軍が中立法違反を理由に捕獲することができるし、もし日本の軍艦として回航すれば途中で撃沈することも国際法上可能であった。このためビッカー社に回航を依頼することにし、春日の回航委員長にはイギリス海軍予備役のリー中佐、日進には同じくペインター少佐を雇い、機関員をイタリア人としたほかはイギリス人を募集して乗り込ませた。

ロシアはゼノア港内に一隻、地中海のフランス領チュニジアのビゼルタ軍港に数隻の艦艇を配備し、戦争となったならば拿捕《だほ》しようと待ち構えていた。日進・春日の二隻は海上公試もそこそこに、日露交渉が切迫した開戦一ヵ月前の一九〇四年一月八日にゼノアを出港した。ロシアは戦艦オスラビアの一隊をポートサイドに向かわせ、他の一隊は監視のため日進・春日と同行した。

　両艦が地中海のイギリス海軍基地マルタを過ぎると、突然にイギリス戦艦キング・アルフレッドと巡洋艦ユーリアラスが、ロシア艦隊と日進・春日の間に割り込んできた。これはイギリス海軍が日進・春日に乗り込んでいたイギリス人回航員を保護するという名目であったが、キング・アルフレッドの護衛はセイロン（現スリランカ）まで続いた。

　追跡してきたロシア艦隊は、ポートサイドで石炭を搭載しなければならなかった。しかし、イギリス港湾当局は石炭搭載用の艀《はしけ》は、日本海軍の先約があるからと後回しにし、日進・春日が石炭搭載を終わるまで石炭の搭載をできなくするなど、あらゆる合法的な手段で援助してくれた。このようなイギリス海軍の保護を受け、日進・春日は日露開戦直後の二月一六日に横須賀《よこすか》に入港した。

　回航員の水兵は広告で集め機関員は造船所の工員と契約したが、両者の間で言葉が通ぜず、また途中で逃走者が続出し、各寄港地で船員を募集したため国籍はバラバラ、横須賀に着いた時には七ヵ国の船員が乗っていた。この一事をもっても回航の困難さが理解できるであろう。この二隻の回航をいかに日本人が喜び感謝したかは、回航委員長のペインター予備役中佐が『ユナイテッド・サービス』誌に投稿した次の記事からも明らかであろう。

「日本の歓迎には肝を潰《つぶ》してしまった。新聞は両艦の記事で埋まり、数種類の絵はがきが飛ぶように売れていた。横須賀町民大園遊会の後、一行が横浜に行く各駅は装飾され、沿道では市民が国旗を振って万歳を叫んでいた。横浜に着くと各都市からの感謝状と土産物が山と積まれていた。特別列車で東京に迎えられて仰天した。数ヵ所に歓迎門が飾られ街路は市民で埋まり、まさに凱旋将軍を迎える有様であった。かくて日比谷公園の式場に臨んだが、終わって天皇陛下に拝謁を許され旭日勲章を授けられ、かつ優渥なる謝辞と記念品を贈られた。自分は生涯の大事業をこの一回航で成し遂げたと感じた」。

しかし、出港を急いだためか、イタリア人の特性か、人目に付かぬ艦底などは塗装もなく、配電箱はあっても結線されていないような手抜き工事（残工事）が一四〇ヵ所もあり、一日一〇〇〇人の工員を投入し六時間の残業や徹夜で、回航三四日後の三月六日にかろうじて戦列に加えることができた。

だが、一〇インチ砲と八インチ砲を搭載し、一〇インチ砲は射程二万メートルと日露のいずれの戦艦よりも射程が長く戦艦の代用としても役立つ艦であり、艤装《ぎそう》を完了すると連合艦隊の主力である第一艦隊第一戦隊に編入され、旅順要塞《りよじゆんようさい》や旅順港内の間接射撃、黄海の海戦、日本海海戦から樺太占領作戦などに活躍し、戦艦初瀬《はつせ》と八島《やしま》を失った連合艦隊に大きく寄与し、手抜き工事の汚名を完全に濯《すす》いだ。

3　足止めされたバルチック艦隊

世界最強の海軍国と同盟した利点は大きく、ロシアの黒海艦隊所属の仮装巡洋艦ペテルスブルグとスモレンスクが、イギリス商船マラッカ号を日本への戦時禁制品を搭載していると拿捕すると、イギリス海軍は地中海艦隊を追跡させ、マラッカ号を釈放させた。また、リバウ軍港を出港したバルチック艦隊が北海のハル沖でイギリス漁船を日本の水雷艇と誤判断し、二隻に被害を与える事件を起こすと、イギリス国内に反ロシア感情が高まり、『ロンドン・タイムズ』はロシア艦隊を非難する次の論説を掲げた。

「海軍軍人と自称する者が……いかに恐怖心に駆られたとはいえ……射撃目標が何であるかを確かめもせず、二〇分間にわたって漁船に砲撃を加えたということは、とうてい想像し難いことである。さらに想像し難いことは、文明国の軍服を着た士官たちが大艦隊の大砲で憐《あわ》れな漁夫達を撃ち殺し、そのうえ犠牲者達を救助もせずに立ち去ろうとは想像もできないことである」。

ロンドンではトラファルガル広場に群衆が集まり、「ロシアの野蛮な行為」に断固たる措置を要望する集会が開かれた。また、イギリス海軍は艦隊を即応体制にし、賠償問題が解決するまでバルチック艦隊をスペインのビィゴ湾に五日間も足止めし、このイギリスの世論とイギリスの強硬姿勢がフランスやスペインなどの中立国のバルチック艦隊への協力を消極的なものとし、艦隊乗員の士気を低下させた。この状況を艦隊乗組員のノボコフ・プリボイは次のように書いている。

> スペインのビィゴに入港すると、五隻のドイツ給炭船が待っていたが、スペイン当局は中立条約を楯《たて》に給炭や乗員の上陸を禁止した。最終的に何とか次の寄港地分として四〇〇トンの給炭は認められ出港したが、出港するとイギリスの巡洋艦が現れ、我々を挑発するように、ある時は艦隊の左舷や右舷に並び、時として針路を横切って後ろに回り込み、時には半円形の陣形を取って囲い込むなど、われわれを囚人同様に看守した。マダガスカルでは北端のデエゴスワレスで給炭する予定で給炭船とも合流する計画であったが、イギリスの圧力でフランスは寄港地をノシベ湾に変えてしまった。カムラン湾でも同様であった。
>
> 入港時には巡洋艦デカルトに乗艦したジョンキエルツ少将が訪れて、歓迎の意を表したが、六日後に再び訪れたジョンキエルツ少将は二四時間以内に領海外に出るよう要求した。そして、それから四日間も後続の艦隊が到着するまで、日本艦隊の襲撃を警戒しながら洋上をさまよわなければならなかった。このようなことから、われわれ兵員達は、だんだんロシアの専制政治に対する信頼を失い、何よりも大切な将兵の戦

意を消耗してしまった。

4　好意的な英米の新聞

旅順の奇襲――宣戦布告をめぐる英米とフランスの論争

東郷平八郎《とうごうへいはちろう》大将率いる連合艦隊が、一九〇四年二月八日午後六時ころに、旅順港外に停泊中のロシア艦隊を奇襲し、戦艦二隻、巡洋艦一隻に損害を与えた。この攻撃を協商関係にあったフランスの新聞『ル・タン』は、「宣戦布告前の夜襲は国際法規に違反する蛮行である」。『ジュルナル・デ・デバ』は日本の行動は各国に受け容《い》れられている国際法規に反しており、近代の交戦慣習を無視していると非難した。『パト』は「国際的な反逆罪」を犯した「日本を反逆罪で留置する」べきであると批判し、さらに、国際法の専門家の旅順奇襲は国際法違反であるとの見解を掲載した。

これに対して『ロンドン・タイムズ』は、「開戦前に公式な宣戦布告が行われる事例は、近代史では比較的稀《まれ》である」。ロシアこそ、一八五三年の戦争でも、一八七七年の戦争でも宣戦布告をしていない。ロシアはいかなる戦争でも宣戦布告をしたことはなかったと、日本の奇襲を社説で擁護した。

また、『デイリー・テレグラフ』も、「日本は突然攻撃をしかけ、効果的にのろまな敵の愚者の楽園を一撃で打ち砕いた。文武における日本人のすばやい天才の名を裏切らず、日本は運命をかけた戦いで、戦術上の枝葉末節な問題を総て一掃してしまった。日本は豹《ひょう》のような速さで事態の急所を突いた。……日本の攻撃は「最も目ざましく意義深い手柄の一つ」」と称賛し、さらに「外交関係が断絶しているときは、どちらかが最初に弾を撃たなければならない」。外交関係断絶後の攻撃であり、戦争の「責任は外交関係の断絶を招いた側にある」」とロシアを非難した。

また、『ニューヨーク・タイムズ』は「この初戦の勝利の精神的な効果は物理的な効果よりはるかに大きなものがある。この勝利は日本を元気づけ、ロシアを意気消沈させている」。外交関係の断絶によってエヴゲーニイ・アレクセーエフ総督は「戦争状態が存在することを十分知らされていた」のであり、ロシア政府が非難する根拠はないと日本を擁護した。さらに、『ニューヨーク・タイムズ』は「ロシア側にのめりこんだフランスの国際法学者が、正式に宣戦布告をせずに戦争を始めた日本を、国際法違反であると責めるのは結構だが、ツァー自身がこの非難の当事者であることは驚きである」と、強烈な皮肉をこめて報じ、さらに社説で「日本人に裏切りの汚名をきせるため、……サンクトペテルブルグとパリの国際法学者のこじつけが用意された」と批判した。

ハースト系新聞の『ニューヨーク・サン』さえも、コロンビア大学の国際法学者ダブリュー・バージス教授の説を掲げ、「宣戦布告なしの開戦は米西戦争や米墨戦争など多くの前例がある。一八七七年の露土戦争ではロシア自身が宣戦布告をせずにトルコに攻め入っているではないか。今回は開戦に先立って、東京及びロシアの首都で国交断絶を通告し外交団も引き揚げている。この事態での開戦は国際法上からも正当であり、公式の宣戦布告が必要であるという確定的な原則はない」と日本を支持した。

このように、フランスやロシアの新聞が、米英から一斉に反論されたのは、当時は宣戦布告を必要とするという規定が国際法にはなく、外交関係の断絶をもって宣戦布告とすることが国際的慣行であったからである。なお、宣戦布告の必要性が国際的に決められたのは、日露戦争三年後の一九〇八年のハーグの国際法会議からであった。

日本海海戦の勝利と講和会議

駐英　林董《はやしただす》公使は「我戦勝ノ偉大ナルコトハ深ク欧洲《おうしゅう》ノ民衆ヲ感動セシメ」、各新聞は「海戦ノ結果ヲ驚嘆スルノ外ナキナリ」と報告したが、『デイリー・メール』は「トラファルガルの戦勝を凌駕《りょうが》す」とのタイトルで伝えた。確かに東郷艦隊はバルチック艦隊の八隻の戦艦中六隻を撃沈、二隻を捕獲し、巡洋艦九隻中三隻を沈め二隻を自沈させ、三隻がマニラに逃れ、ウラジオストクにたどり着いたのは巡洋艦一隻と駆逐艦二隻に過ぎなかった。これに対する日本側の損害は水雷艇三隻が沈没したに過ぎず、世界の海戦史上例を見ない完全勝利であった。

『ロンドン・タイムズ』は今やロシアは海軍国たる地位を失した。ロシア皇帝は敗北を認め「国内ノ改革」に従事すべきである。「今ヤ百計既ニ尽キ」戦争を「継続スルノ望全ク絶エタ」。戦争を継続するならば極東に於ける影響力を失うだけでなく、ヨーロッパにおいても失うに至るであろう。未《いま》だロシアに和平の動きがないのは、「露国ノ為ニ誠ニ惜シム」。大陸の新聞の中には日本の「戦勝ノ結果」、「黄禍ノ益々《ますます》恐ルヘキコトヲ説クモノアル」が、仏独いずれの国も今回の「正当ナル戦勝ノ結果」に、介入しようとする国はないであろう。

もし、介入することがあれば「英国ハ一切ノ手段ヲ尽シテ飽マテ之ヲ拒ム」責任があることは周知のとおりであり、三国干渉のようなことが起きれば「仮偽ノ黄禍」が「真ノ黄禍」になるであろう。このような「不条理ノ愚策ニ出ヅモノ」あれば、イギリスはこれに対して「峻拒措《しゅんきょそ》カサルヘシ」とドイツやフランスが干渉しないよう牽制《けんせい》した。

さらに『スタンダード』は「今ヤ露国ハ極東ニ基地を恢復《かいふく》スルノハ絶望」的であり、講和に応じるべきである。この「大敗ハ露国ニ平和ヲ促ス」好機であり、ロシアは真剣に平和を考慮すべきである。日本とイギリスの同盟継続を妨げ、あるいはイギリスが同盟から生じる「一切ノ責任ヲ負ハントスル」のを阻止する「挙ニ出テントスルカ如キ」国は、国策を「誤ルモノト謂《い》フヘキナリ」とさえ書き強く牽制してくれた。

一方、『ニューヨーク・タイムズ』は日本の勝利は「文明ノ凱旋」であり、「迷信ニ惑《わく》溺《でき》」し、「宗教ノ故ヲ以《もっ》テ人ヲ虐《しいた》クル」者の「金城鉄壁ヲ破壊セルモノナリ」。従って「人類自由進歩ノ最大障礙《しょうがい》物」が崩壊し取り除かれた。スラブ人種とアングロサクソン人種間に、二〇世紀には決死の争闘が起きるとナポレオンが予言したが、それが事実となった。

なぜならば日本がアングロサクソン人種の理想の「正当ナル承継者」であり、その「発展者」であるからである。

ロシアの敗北を世界が喜ぶのは、世界がロシアの「目的ト政略ヲ悪《にく》ミ」平和を欲しているからである。この「必然ノ趨勢《すうせい》ヲ見テ歓喜スル」とともに、この戦争で徒《いたずら》に人命が失われるのは「世界ノ悲ム所ナリ」。この「人命損傷ノ責」はロシア政府にあるので、その責任を「敢《あえ》テ露国民衆ニ嫁《か》セス」。「露国民衆ニ同情」を表す。また「小嫗《しょうおうな》勇敢ナ日本人」の「武勇ヲ称揚シ、策略ノ巧妙ヲ驚嘆シ」、「万歳ヲ唱フルモノナリ」。「矮小《わいしょう》なダビッドが巨大なゴライアスと戦いダビットが勝った」と報じた。

このような新聞報道が、「一ピヤージの土地も一コペックの賠償だに日本に渡すべからず」といっていたニコライ二世に、講和のテーブルに付かせなければならないような国際世論を作ったのである。この同盟国イギリスの新聞の功績、特に世界のマスメディアを押さえる国との同盟の重要性を忘れてはならないであろう。

5　称賛された日本の講和条約受諾

一九〇四年二月八日に仁川《インチョン》南方の牙山《アサン》に上陸した陸軍先遣部隊と、二六日から二七日にかけて仁川に上陸した主力部隊は、五月一日には鴨緑江《おうりょくこう》を渡った。また、五月五日から一三日にかけて遼東《りょうとう》半島に上陸した部隊は、二七日には南山《なんざん》、九月三日には遼陽《りょうよう》で勝ち、翌年一月二日には旅順を攻略し、三月一〇日には奉天《ほうてん》の会戦でも勝利を収めた。しかし、日本軍は南山の戦闘で戦死四三八七人、遼陽の会戦で戦死五五五七人、負傷一万七九七六人、旅順攻略戦で戦死一万五三九〇人、負傷四万四〇〇八人、黒溝台《こっこうだい》の戦いで戦死一八四八人、負傷七二九四人、奉天会戦で戦死一万六五五三人、負傷者五万三四七五人など、死者八万八四二九人、病死者二万七一九二人、負傷者一五万三五八四人を出し、弾薬は底を突き、第一線を指揮する指揮官の多くが倒れていた。満州派遣軍総司令官大山巖《おおやまいわお》元帥は奉天会戦後の三月一三日に、参謀総長山県有朋《やまがたありとも》に次のような和平の推進を上申した。

「我が戦力を回復するまでは、妄《みだ》りに大兵力を動かさざるを緊要とす……今後の戦略は政略と一致するを要す。之《これ》を要するに、第三期の作戦は最も重大にして、万一違算等あらん乎《か》。赫灼《かくしゃく》たる従来の戦捷《せんしょう》をして半ば水泡に帰せしむる虞《おそれ》なきにあらず……諸君の熟考を求めるもの即ち之が為なり」

そして、三月二三日には山県参謀総長から伊藤《いとう》総理や閣僚に次のような上申書が提出された。

座して守勢をとるも、進んで攻勢をとるも、前途悠遠《ぜんとゆうえん》にして容易に平和を回復し得る望

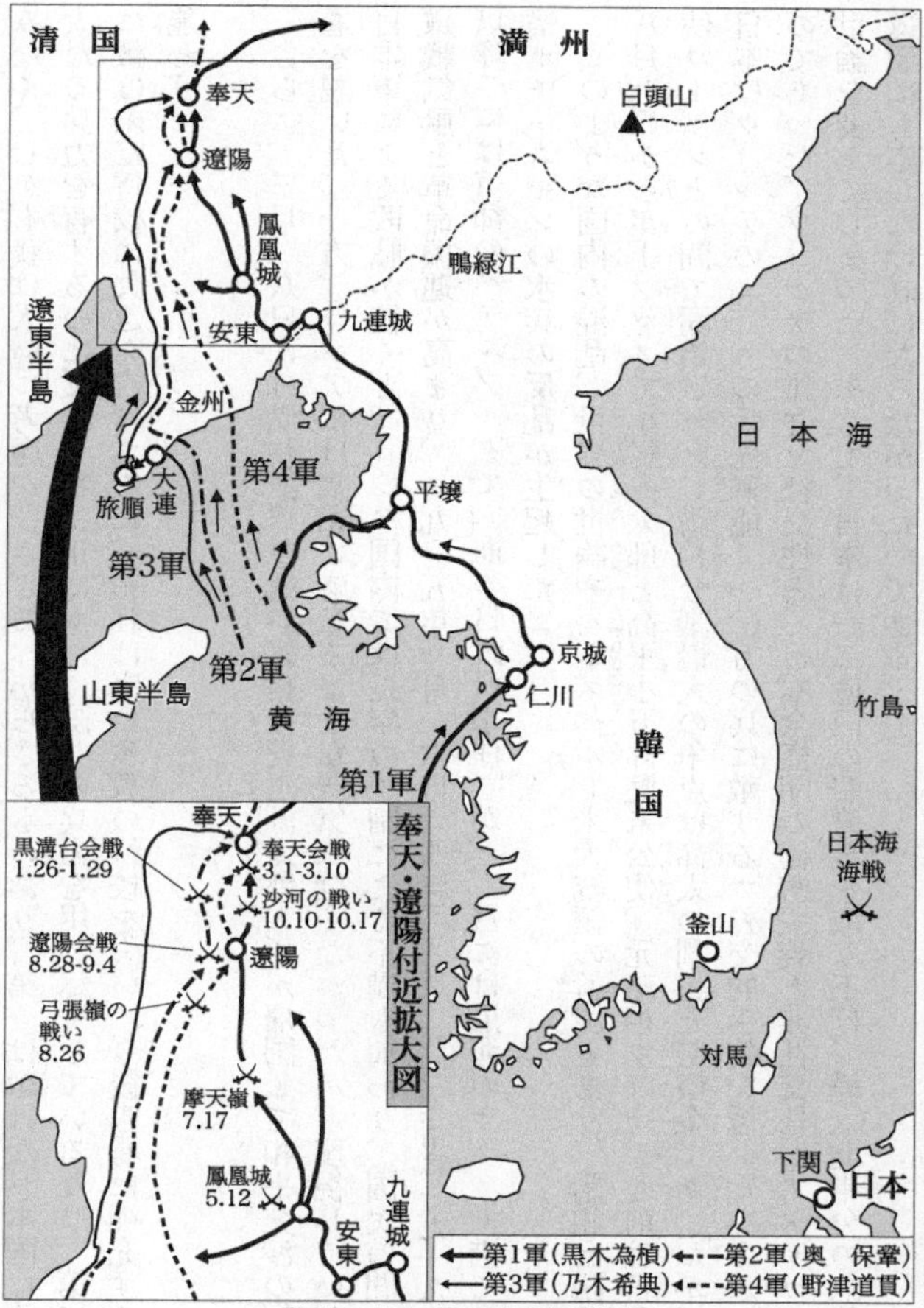

満州における日本軍の進路

みなく、しかも我は大いに考慮を費さざるべからざるものあり。第一は敵はなお本国に強大なる兵力を有するのに反し、我は正にあらん限りの兵力を用い尽くしているなり。第二に敵は未だ将校に欠乏を告げざるに、われは既に多数の将校を失い、今後容易に補充する能《あた》わず。

さらに、三月二八日には満州派遣軍総参謀長の児玉源太郎《こだまげんたろう》大将が帰国して和平交渉の推進を説いた。一方、ロシアには講和に応じるような空気は全くなかったが、蔑視《べっし》していた日本軍による敗戦が続くと、ロシア国内では長年の圧制による不満も加わり、国民の間に嫌戦気風と革命機運が高まり、一九〇五年一月一六日（西暦二二日、西暦使用は一九一八年以降）には首都のペテルブルグで「血の日曜日事件」が、六月には黒海のオデッサ港で戦艦ポチョムキンの水兵の反乱が生起した。

このような国内の混乱、世界の世論やルーズベルト米大統領の斡旋《あっせん》もあり、講和会議が八月九日からポーツマスで小村寿太郎《こむらじゅたろう》と高平小五郎《たかひらこごろう》駐米公使、元蔵相ウィッテと前駐日公使ローゼンとの間で開始された。講和会議最大の争点は樺太《からふと》の割譲と賠償金であったが、日本はウィッテの「三寸の舌先猶《なお》能く一〇万の兵に敵する」外交的手腕を思い知らされたのであった。ウィッテの雄弁と社交性と、日本全権団の秘密主義と非社交性がアメリカの世論を変えてしまった。そして、日本は一二億円の賠償金を取り下げ、樺太北半分の無償返還にも応じなければならなかったのである。

ポーツマス講和会議の日露全権団（明治38年８月14日、外務省外交史料館提供）

しかし、八月二九日夜、小村全権が「日本国天皇は文明と人道を尊重し、平和のために妥協の精神を以て、賠償要求を撤回し樺太の分割を承認せられ、会議成立を命ぜられたり」という趣旨の声明を発表すると、翌日のアメリカやイギリスの新聞は、こぞってルーズベルト大統領の巧妙な斡旋と、日本の寛大さを称賛した。ルーズベルトは祝電を寄せ、バース国務次官やマクレーン州知事が祝賀の挨拶に小村全権を訪れた。各地から日本全権に「寛大な戦勝国日本を祝す」「輝かしい勝利を飾る名誉ある平和成立を賀す」などの電報が届いた。そして、米英の新聞は次のように日本の寛容さを一斉に称《たた》えた。

「日本人は……人道のため賠償金の権利を放棄した。この偉大な好意は日本人が勇敢なだけでなく、寛大な国民であることを示した」(『ワシントン・スター』)
「日本は戦争で示した偉大さを講和条約で裏付けた。日本の寛大さは世界史上例を見ないものである」(『ニューヨーク・サン』)
「日本は世論を容れて正しく行動し、それによって得た地位はいかに巨大な額の賠償金にもまさるものがある」(『デイリー・ニュース』)
「日本政府が賠償金放棄に対する国民の不満に敢然と対決しようとするその勇気は、日本の陸海軍人が、敵に対決した時の勇気に比べ遜色《そんしょく》がない」(『モーニング・ポスト』)

6 親日的世論を一転させた日比谷騒動

日本はアメリカからもイギリスからも称えられ栄光に満ちていた。だが、日本国内は混乱の坩堝《るつぼ》と化していた。多くの政治家、学者や『萬朝報』『二六新聞』『都新聞』『日本新聞』『大阪日報』『大阪朝日』などの大新聞が、講和条約の条文に領土の割譲も賠償金もないことが判明すると、「この屈辱!」「あえて閣員元老の責任を問う」などと政府を攻撃した。

特に『大阪朝日』は帝国の威信を傷つける「屈辱の和約」である。小村全権は「努力を怠り違算を致して、この屈辱に甘んぜんとす」。このような条件で講和条約を締結するのは、陛下の「聖意に非《あら》ざる」ものであり、「和議の破棄を命じ給はんことを請い奉る」との社説を掲載した。

また、『萬朝報』も社説で、「帝国の光栄を抹殺し、戦勝国の顔に泥を塗りたるは我が全権なり、国民は断じて帰朝を迎ふることなかれ。これを迎えるには弔旗を以てせよ」などと書き立てた。そして、講和問題同志連合会長の元衆議院議長の河野広中《こうのひろなか》は、小村全権に「閣下の議定せる講和条約は、君国の大事を誤りたるものと認む。すみやかに処決して罪を上下に謝せよ」と打電し、満州《まんしゆう》軍には進撃せよと打電した。

八月初旬の満州における日露の戦力比は、日本軍二五ヶ師団に対しロシア軍は四九ヶ師団と二倍の兵力差となっており、さらに第一一軍団、第二二軍団の到着も予想されていた。だが、実情を知らない無知な群衆は、九月五日の対露同志会など数団体の講和問題国民同志連合会の日比谷《ひびや》集会の後、内務大臣官邸や外務省、講和会議の仲介をしたアメリカ大使館などを襲撃し、教会一三ヵ所を焼打し破壊した。警官と群衆の衝突は三〇数回を数え、死者一七名、負傷者五〇〇余名を出した日比谷事件を起こしてしまった。この不祥事件がアメリカに伝わると、アメリカの新聞は次のように批判した。

日本は異教徒の国であるが、たとえ宗教が異なっていても、神に祈りを捧げる神聖な場所を焼き払い、破壊するのは人間ではないことを示す何よりの証拠である」。「日本人は戦争中、見事な秩序と団結で輝かしい勝利を得た。彼等は人道と文明のために戦い、講和会議の締結にもそれを感じさせた。しかし、東京騒動は日本人が常に口にしていた人道と文明のためという言葉が、偽りであることを明らかにした。彼等は黄色い野蛮人にすぎない。

このように日比谷騒動はアメリカを失望させ、アメリカの日露戦争中の親日的世論を一転させた。特に教会を破壊したことが、アメリカ人に日露戦争がキリスト教徒と異教徒、白色人種と黄色人種の戦争であるとの人種論的な感情を高め、今までの日本に対する同情的態度を一変させ、人種差別問題、カリフォルニアの排日土地所有禁止法案へと連なる遠因を与えてしまった。

一方、国内では世界の大局を説き妄動《もうどう》を戒め、「今や吾人は戦勝の結果として、平和条約においてその目的を達したり」。「この度の講和条約にて、わが主義は完全に貫徹し、我々は戦勝の効果を遺憾なく発揮したり」と書いた國民新聞社は、民衆の怒りを受け焼打されてしまった。

第5章　日露戦争後の日英同盟

1　日露戦争の衝撃

アジア大陸への衝撃

イギリスの戦略家ジョン・F・C・フラー少将は、日本が日露戦争に勝ったことによって、①白人の優越性が打破された、②全アジア・アフリカの民族を覚醒《かくせい》させた、③総《すべ》ての植民地に根本的徹底的打撃を与えた、④戦争をしたら白色人種は有色人種に勝つという歴史的確信を消滅させたと書いているが、日本の勝利は有色人種や大国の圧政に苦しむ諸民族に民族独立への覚醒を与え、ナショナリズムを高揚させた。

また、オックスフォード大学教授エル・ロートンが『極東の帝国』で、「アジアはもはや眠ってはいない。北京からテヘランまでの広大な地帯で真の目覚めが生じた。この目覚めは世界地図の改変をもたらすかもしれない」と書いたとおり日露戦争は世界を変えた。

中国建国の父とされる孫文《そんぶん》は、「日本の勝利が有色人種や、大国の圧政に苦しむ諸民族に民族独立の覚醒を与え、ナショナリズムを急速に高めた」と書いているが、中国では日本への留学熱が高まり、一九〇五年には留学生は一万二〇〇〇名に達した。そして、孫文は留学を通じて啓蒙《けいもう》された青年たちを率いて、辛亥《しんがい》革命を実現し中国に呼称だけではあるが最初の共和制の国家・中華民国を誕生させた。

ベトナムのファン・ボイ・チャウは、「日露大戦の報　長夜の夢を破る」「日露戦役は実に私達の頭脳に、一世界を開かしめた」と回想録『獄中記』に書いている。ファン・ボイ・チャウは福沢諭吉の『学問のすゝめ』に大きな影響を受け、「米国の虎やヨーロッパの鯨の横暴に対して、黄人種として初めて歯止めをかけた。なぜ日本がそれをなし得たか。答えは東京にある。

中国、朝鮮、インドからの留学生で東京は溢《あふ》れている。日本に学べ」と、若者を日本に留学させようと「勧国民資助遊学文」を書き、「東遊《ドンズイ》運動」を始め、二〇〇余名の若者を日本に送った。さらに、ファン・ボイ・チャウはルオン・ヴァン・カンを塾長、グエン・クェンを副塾長にハノイに慶應義塾に倣ってトンキン義塾を創設し独立自尊の精神を教えた。

フィリピンでは日本海海戦の勝利が伝わると、大学生でのちに最高裁判所判事になったハリレノは日本領事館に祝電を打ち、のちに国会議員となったコーポラウは「アジアの時代が来た。アジア人がヨーロッパに対して立ち上がる時が来た」と感じたと回想しているが、日本の勝利はアメリカと独立戦争を戦っているアギナルド軍の士気をも高めた。

インドのジャワハルラル・ネール首相は「私が若い頃に日露戦争があったが、日本の勝利のニュースを見たくて、新聞が待ち遠しかった。また、大国ロシアに勝った日本を知りたくて、日本に関するあらゆる本を読んだ。日本の勝利は、アジアにとって偉大な救いであった」と書いている。インドの新聞『サメイ』は「日本が西欧との闘争に勝利したことを誇りに思う。われわれは日本人の勇気と規律、鉄のような意志、不屈の力によって勝利を収めた日本に心からの祝意を贈る。日本だけがアジアの名誉を救った」と報じた。『ヒタバディ』も「日露戦争の日本の勝利が西欧に対する幻想を解消した。インドのようなおとなしい羊でも虎に変身できる。我々は羊が虎にはなれないという過ちに気が付いた。日本の勝利がインド人を覚醒し、イギリスと対等という前向きの思想に目覚めさせた」と報じた。

デリー大学のアール・デュア教授は、日本の勝利はインドの未来に強い希望を、精神的には自尊心と自信を与え、一九〇五年一〇月には国産品愛護のスワデージ、英国製品のボイコット、自治要求のスワラージと国民教育促進の四綱領が採択されたとインドに及ぼした影響を評価している。

また、ビルマでは独立後に最初の首相となったバ・モーも、日本の勝利は「すべての虐げられた民族に新しい夢を与える歴史的な夜明けであった。日本の勝利はわれわれに新しい希望と誇りを与えてくれた」と書いているが、ビルマでは青年僧ウー・オッタマが仏教徒青年同盟を組織し反英独立運動を開始した。

ユーラシア大陸への衝撃

エジプトでは日露戦争開戦直後の一九〇四年六月にムスタファー・カーミールが『昇る太陽』を、「ナイルの詩人」の愛称で親しまれている国民的詩人ハーフィズ・イブラーヒ

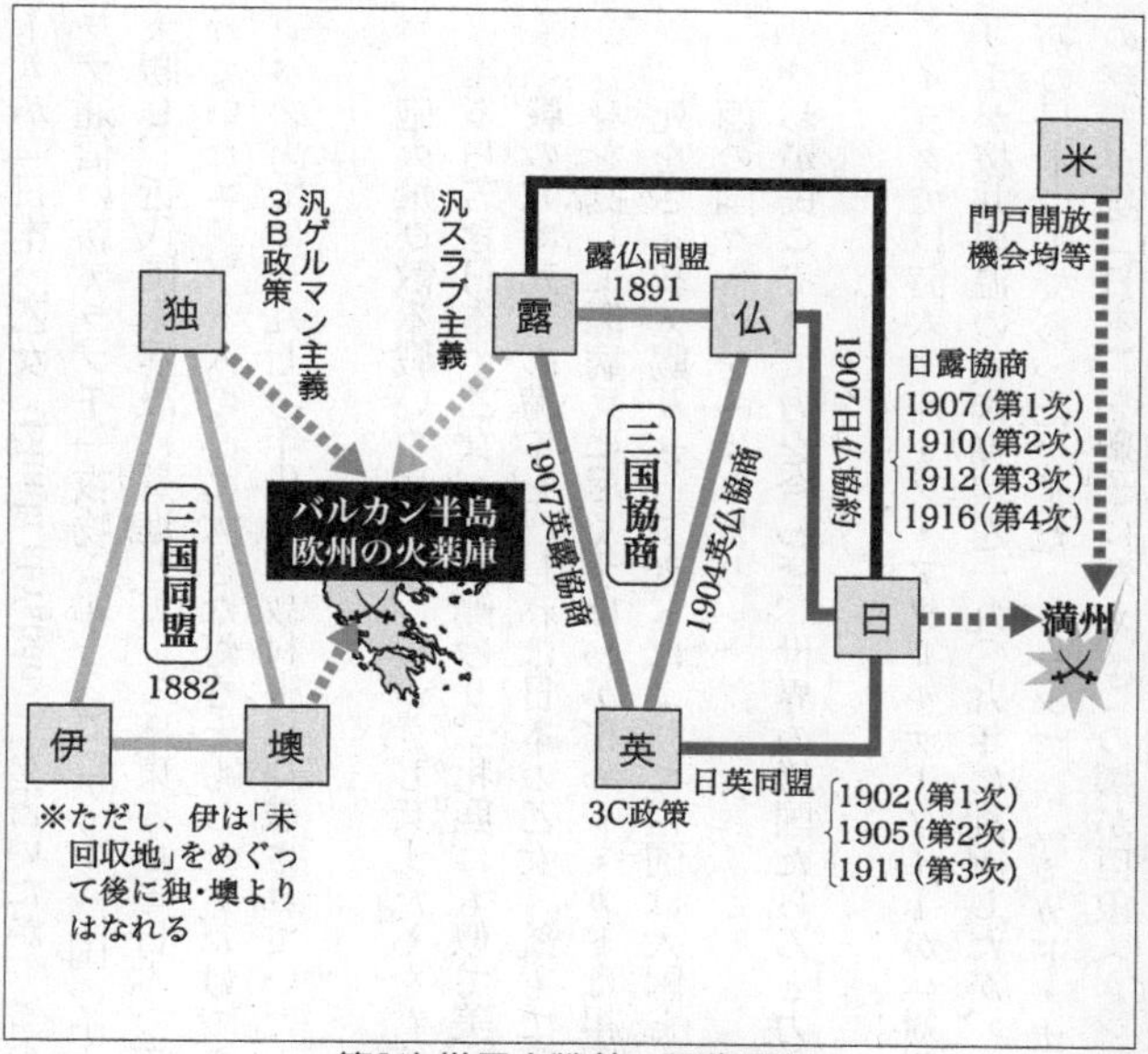

第1次世界大戦前の国際関係

ームが「日本の乙女（Ghada al-Yaban）」を書いたが、この詩はインター・ネットの日本アラブ通信の新アラブ千一夜物（第一夜）「アラブ諸国の中の親日感情」に、「大国ロシアに大勝し、近代国家建設に驀進《ばくしん》している極東の島国日本の姿は、イギリスの支配に組み込まれていたエジプト人の心に大きな灯をともした」だけでなく、広くアラブ世界で愛唱され、レバノンでは一九七〇年代には教科書に掲載されていたという。

砲火飛び散る戦いの最中に、傷つきし兵士たちを看護せんと
うら若き日本の乙女、立ち働けり。牝鹿《めじか》にも似て美しき汝《なんじ》なれ、危うきかな！
戦の庭に死の影満るを、われは日本の乙女、銃もて戦う能《あた》わずも、
身を挺《てい》して傷病兵に尽くすはわが務め、ミカドは祖国の勝利のため、
死をさえ教え賜りき。ミカドによりて祖国は大国となり、
西の国々も目をみはりたり。
わが民こぞりて力を合わせ、世界の雄国たらんと力を尽くすなり。

イラクでは詩人アルーフ・アッ=ルサーフィーが「対馬沖海戦」を、アフマド・ファドリーが桜井忠温の『肉弾』を一九〇九年に翻訳したが、これがアラビア語に翻訳された最初の日本の本であった。また、イランでは『ミカド・ナーメ（天皇の書）』が書かれ、「神の慈悲が蟻（日本）を獅子《しし》に変え、この蟻が巨象（ロシア）を打ち負かしたのだ」と日露

戦争の勝利を称《たた》え、「東方から何という太陽が昇ってくるのだろう。眠っていた人間は誰もがその場から跳ね起きる。文明の夜明けが日本から拡がったとき、この昇る太陽で全世界が明るく照らし出された」。「日本が我らの先駆者となった以上、我らにも智恵と文化の恩恵がやってこよう。どんな事柄であれ我らが日本の足跡を辿《たど》るなら、この地上から悲しみの汚点を消し去ることができるだろう」と民族独立の願望を書いた。

トルコでは女流作家ハリデ・エディブ・アドゥヴァルが一九〇五年に生まれた次男の名前を、ハサン・ヒクメトッラー・トーゴーと名づけたように、トルコには東郷《とうごう》や乃木《のぎ》の名を付けている商品や店舗があり、また、日本の勝利がトルコの近代化を推進する青年党運動となり、ケルマ・アタチュルクのトルコ革命に連なっていった。

そして、イスラム圏では日本にイスラム教を広げ、日本をイスラム世界のリーダーとし、天皇をカリフ（盟主）とすることによって、イスラム世界の強力な求心力を回復し、西欧のキリスト教国に対抗しようとの動きが生まれ、一九二一年三月にはヘヂアスの王族アルカデリーが、イスラム民族連盟大会の極東駐在代表として来日し、アラビア、インド、エジプト、トルコのイスラム教徒がメッカのイスラム教徒代表者会議で、日本を盟主と仰ぐことが決議されたと伝えた。

ロシア革命への点火

日露戦争の勝利は世界史上に大きな衝撃を与えたが、最大の衝撃は帝政ロシアの崩壊を一歩進め、ロシア革命に烽火《のろし》を点じたことであろう。大陸軍国のロシアが旅順要塞《りよじゆんようさい》を失った衝撃は想像以上に大きなものがあった。ウラジミール・レーニンは旅順陥落の三日後に「旅順は降伏した。この事件は現代史上のもっとも大きな事件の一つである。きのう電報で文明世界の隅々に伝えられたこの数語は、圧倒的な印象、巨大で恐ろしい破局、言葉では伝えられない不幸な印象を呼び起こす。強大な一帝国の精神的力が地に落ち、一人種の威信が薄れつつある。一個の政治体制全体に判決が下されたのである」。

旅順の陥落は「ツァーリズムのもろもろの罪悪にもっとも大きな歴史的総決算の一つをつけるものである。旅順の降伏はツァーリズムの降伏の序幕である。戦争はまだ決して終わっていないが、戦争が継続すればそれだけロシア人民のなかで動揺と憤激がかぎりなく拡大し、新しい偉大な戦争、専制に対する人民の戦争、自由のためのプロレタリアートの戦争の時機は近づいてくる。そうだ、専制は弱められた。いちばん信じようとしない人々までが、革命が起こることを信じはじめている。人々が革命を信じることは、すでに革命の始まりである」と書いた。この時からレーニンの予言通りに革命の歯車が止まることなく廻り続き、第一次世界大戦では帝政ロシアが崩壊し、「二〇世紀の魔物」と呼ばれた共産党政権を誕生させたのであった。

旅順失落直後の一九〇五年一月一六日に、ロシア最大のプチロフ工場の労働者の解雇事件から、労働者一万二八〇〇人が参加する大規模なストライキが発生した。一月一八日にはネヴァ造船所の六〇〇〇人、海軍工廠《こうしよう》オブローフ工場の六〇〇〇人などもストに加わった。さらに、一月二二日の日曜日には、冬宮に僧侶ゲオルギー・ガボンを先頭に儀式用の正装で十字架を捧げ、その後ろには聖像や皇帝の写真を持った人々が続いていた。この群衆は皇帝に国内の混乱を解決し、充分な食料を与えるよう請願しようとするものであった。しかし、宮殿を警備していた兵士が群衆に銃を向けた。この一方的武力行使で死者九二人、負傷者二〇〇―三〇〇人を出した。市民はロシア軍は「日本軍からは退却し、同胞を撃つのか」、ツァーの軍隊は祖国を守る軍隊ではなく、「人民を弾圧するための軍隊だ」と非難した。

二月一七日にはニコライ二世の叔父でモスクワ総督のセルゲイ・アレクサンドロウィッチ大公が暗殺されるなど、「血の日曜日」の事件を境にロシア全土で暗殺やテロ、集会やデモ、ストライキが多発するなど革命の波が全国に拡がり、フランスやドイツからの借款が拒否されるなど日露戦争にも大きな影響を与えた。

さらに六月一四日には黒海艦隊の最新鋭の戦艦ポチョムキンで水兵の反乱が起こり、船を乗っ取った水兵たちはオデッサに回航し、市民と連携して大規模な反乱を起こした。ポチョムキンの反乱は政府にも国民にも一大衝撃を与えた。それは海軍力の象徴である戦艦、それも最新鋭の戦艦で起きた反乱であったからであった。

2 戦争は避けられたか

日露戦争は日本の奇襲で幕が落とされ、学者の中には日本が大陸進出のために開戦に踏み切ったとの説も散見される。また、未《いま》だ交渉の余地があり、ロシアが回答を送ろうとしていたのに、早々に開戦に踏み切ってしまったと主張する論者もいる。確かにウィッテの回想録やその後に公開された文書などを読むと、ロシアにも戦争を回避しようとの議論があり開戦は避けられたかもしれなかった。

だが、それは恫喝《どうかつ》すれば日本が要望に屈すると考えたからであり、極東に充分な兵力を展開するまでの一時的な期間ではなかったか。日本から宣戦布告は発せられたが、それはロシアの増援兵力が展開される前にしか勝算がないという追い詰められた軍事力の格差の増大にあった。日本が大陸に進出したのは日露戦争に勝ったからであり、勝つか負けるかわからない戦争に、そんな悠長なことを言っていられなかったのが実情ではなかったか。

『原敬日記《はらたかしにっき》(一九〇四年二月五日)』には、伊藤博文《いとうひろぶみ》、井上馨《いのうえかおる》、一般国民、特に実業家は「戦争を嫌うも表面に之《これ》を唱える勇気なし」と書かれており戦争を望んでいなかった。当時の陸軍内部でも中佐、少佐の中堅幹部は悲憤慷慨《ひふんこうがい》の余り、開戦を強硬に主張したものもいたが、高級将校、すなわち将官以上の者は「斯《か》く申しては如何《いかが》かと存じますが」、ロシアに対して「到底戦争は出来ない」と云う主義の人が多かった。

また、さらに当時の陸軍の中にはロシア崇拝者がおり、ロシアと戦争するのは、卵を以《もっ》て岩石にぶっつかる様なものであると反対する者もいた。確かに「七博士が熱心なる開戦論者でありました。……しかし、民間の世論は七分三分であり」、参謀総長の大山巌《おおやまいわお》はロシアとの戦争について「何ら所見を発表することなく」、参謀次長の田村怡与造《たむらいよぞう》中将は「真に開戦の意図なく、満州《まんしゅう》問題を利用して軍備の充実を謀らんとするに過ぎず」であったと、当時の参謀本部員の福田雅太郎《ふくだまさたろう》少佐（のち大将）は後に語っている。

もし日本が戦わなかったら、あるいは敗北していたらば朝鮮半島はロシア領になり、日本も最貧国に転落したのではなかったか。ウラジミール・ラムズドルフ外相は伊藤博文に会う直前に、駐露ドイツ大使フレドリック・E・アルベンスレーベンに次のように語っていた。

「われわれは中立の朝鮮を必要とする。もし中立の提案が日本の気に入らないならばこの表現はやめるが、現実の事態はそうする。われわれが決して日本に朝鮮を与えないことは確実だということを日本は理解すべきである。もし朝鮮が自由でなければ、われわれの極東における全戦略が脅かされるからだ。朝鮮における日本の経済活動などは心配していないが、旅順からウラジオストクに至るルートの障礙《しょうがい》はなくしておきたい。もし日本がこれに同意しなければ、海陸における戦闘という犠牲を払わねばならない」。

ニコライ皇帝はプロイセンのハインリヒ親王に、「日本が朝鮮に確固たる地歩を占めようとするならば、それはロシアにとって開戦理由となる。日本が朝鮮で地歩を確立することは、極東に新しい海峡問題(ダーダネルス海峡)を作り出すのと同じ意味になるので決して許容しない」と語った。ウィッテ外相は開戦半年後の一九〇五年六月下旬に、チャールス・ハーディング駐露英国大使に「ロシア軍による満州占領以来、あの地方は実際上ロシアの保護領となった。統治は現実にロシアの手中にあり、ロシアは問題となっている一切の事業と特権に関する優先権を獲得した。他の諸国が同等の立場をえようと期待しても不可能である。……満州からの撤兵条約が清国と締結されたとはいえ、これを実施するまじめな意向はこれまで決してなかった。日本がロシアと戦争に入ったのが、満州における平等な待遇の要求であったが、戦勝の際に皇帝がこれらの点で譲歩するつもりはなさそうだと私は考える。〔戦勝の場合の日本への平和条件〕は満州及び朝鮮の併合の問題の他に、日本から戦闘力を奪わなければならないとの見解に一致している。それは日本に対する艦隊所有禁止であり、さらに黄海における優越を維持するために旅順に加えて、鴨緑江《おうりょくこう》の江口の竜岩浦《りゅうがんぽ》に築城し前哨を確保し、さらに朝鮮海峡を制することが必要となるであろう。また、敗北した日本から充分の賠償を得ることは事実上不可能であり、韓国が経済上無価値なことを考慮すれば、この戦争から得るべきロシアの唯一の具体的な賠償は満州の併合であるかに思われる」と語っていた。

このように、ロシアは日本の要求には何も譲る気はなかったのである。しかし、ウィッテは日本の同盟国のイギリスに、なぜこのようなことを言ったのであろうか。それは日本の敗北を前提とし、講和会議で日本に要求すべき項目や、その程度についてイギリスに探りを入れたのである。

3　大韓帝国の併合と列強の対応

次に当時の韓国に対する列強の対応をみてみよう。アメリカのホーラス・N・アレン駐韓公使は在韓宣教師出身で、韓国宮廷や要人にアメリカに支援を求めるよう画策し、一九〇三年に帰国した時にはセオドア・ルーズベルト大統領を親韓・反日にしようと試みた人物であった。

だが、「韓廷の腐敗と陰謀による幻滅を経験」したためであろうか、日露戦争の始まる直前の一九〇四年一月四日にはセオドア・ロックヒル国務長官に「米国が感情上の理由から韓国の独立について支援するならば、米国は大きな誤りを犯すであろうと私は信ずる。韓国民は自己を治めえない。私は熱狂的な親日派ではないが、久しい征服の権利と伝統によって韓国は日本に所属すべきものと考える。わが政府が日本をして徒《いたず》らにこの仮構の独立を持続させようと試みるならば、誤りを犯すことになるだろう」(一九〇四年一月四日付ロックヒル宛アレン発)との電報を発していた。

一方、ロックヒルからは「韓国の独立を支援するために、わが政府がその勢力を行使するいかなる見込も看取しえない」（一九〇四年一月四日付アレン宛ロックヒル発）。日本の「韓国併合は日本帝国の西方への伸展の大規模、かつ最終の措置として絶対に示されていると私には思われる。それが発生する時には、それは韓国民にとっても極東の平和にとってもより良いであろうと私は考える」（一九〇四年一月二〇日付アレン宛ロックヒル発）などの電報が打たれていた。

また、ルーズベルト大統領も一九〇五年一月一四日には、高平小五郎《たかひらこごろう》駐米公使に「余ノ見ル所ヲ以テスレバ、日本ハ韓国ヲ日本の勢力範囲ニ置クノ権利アリト信ズル」と語ったが、二八日にはジョン・ミルトン・ヘイ国務長官にも「我々は恐らく韓国のために、日本に対抗して干渉しえない。韓国人は自らの防衛のために一撃をも揮《ふる》えなかった」との書簡を送り、二月六日にはマイヤー駐伊大使に「若《も》し平和が今到来するならば、日本は朝鮮を保護国とすべきである。（朝鮮は自立しうる能力が全くないことを示してきた）」と書き送っていた。

さらに、ルーズベルトは、反日的志向のあったアレン公使を辞めさせ、後任にエドワード・V・モルガン公使を起用した。そして、一九〇五年三月二〇日にサンズを後任にと有力筋から「強イラレタ」が、サンズは日本に対する「同情ニ於テ稍《ヤヤ》欠クル処アルヲ以テ」、これを「捨テ」、モルガンを任命した。モルガンには「日本ノ官憲ト絶エズ密接ナル関係ヲ保チ、日本ノ政策ト一致スル行動ヲ探ルベキ旨ヲ以テセリ」と高平公使に伝えた。このようなアメリカの反応を見た日本は、一九〇四年二月二三日に日韓議定書を強引に調印させ日本の保護下に置き、外交・軍事事項を取り上げた。日本が欧米諸国に説明した理由は、「韓国当路者は誠心誠意国家のために慮《おもんぱか》るものなく、あるいは黄白（金銭）あるいは自家の権勢維持のためには、いかなる約束もあえてするものにして、殊に宮中はこれら陰謀の淵《えん》藪《そう》なるが故に、もし外政を為《な》すがままに一任せんには、闇黒裡《あんこくり》いかなる危険なる事態の成立を見るやも料《はか》るべからず」ということであった。

さらに、日本は一九〇五年七月に締結された桂《かつら》・タフト協定、八月に更新された第二次日英同盟の改定、一九〇七年六月の日仏協商と同年七月の日露協商などにより、英米仏露などから日本の韓国に対する保護権を確立した。なお、アメリカは一九〇五年一一月には西欧諸国で最初に在韓公使を引き上げた。

大韓帝国の併合に朝鮮各地で抵抗運動が起き、一九〇七年には高宗《こうそう》が欧州に臣下を派遣して日本の不当を訴える「ハーグ密使事件」も起きた。しかし、いずれの国も法律上解決済みであるとして取り上げなかった。総てが韓国の頭越しであり、現在の民族自決、主権平等の世の中では不当なことではあるが、当時は弱小国は国際法の主体として相手にしてもらえなかった時代だったのである。また、当時は中国もルーズベルトが「シナは腐敗と動乱の国だ」。「シナはフィリピン人と同様に自治の能力はない。古代に文明を持ったが、今では劣等民族だ」。「シナ人を日本人と同じ人種などということは何たる戯言《ざれごと》か」とヘイ国務長官に語っていたが、これが当時の国際的な中国や韓国観であったのである。

4 韓国の対日歴史戦争

韓国の併合に朝鮮各地で抵抗運動が起き、特に三・一騒動では死者七五〇九人、負傷者一万五八四九人、逮捕者四万六三〇三人（朴殷植『韓国独立運動之血史』）とか、過大な数字を捏造《ねつぞう》し和田春樹《わだはるき》などの日本の一部の学者もこの数字をもとに日本の朝鮮独立運動の弾圧を非難している。しかし、朝鮮総督府の「朝鮮騒擾《そうじょう》事件道別統計表」によれば、死者五五三人、負傷者一四〇九人、収監者八四三七人である。死者や負傷者は別として逮捕者四万人をどこにどのように収監したのだろうか。

韓国では多数の独立運動家が虐殺され圧政に苦しんだと日本の統治を非難し続けているが、ハワイ大学名誉教授ジョージ・アキタとコスタル・カロライナ大学准教授ブランドン・パーマーは、日本の朝鮮統治を欧米諸国と比較し、アメリカがフィリピン独立戦争（一八九九―一九〇二年）ではインディアン平定作戦と同様に「保護区」という強制収容所を設け、この強制収容所あるいは戦場となった地域だけで六〇万人、鎮定の全過程でほぼ一〇〇万人、フィリピンの人口の約七分の一を抹殺した。また、フランスはインドシナ戦争（一九四六―五四年）だけで一〇〇万人以上、アルジェリア独立戦争で五〇万以上、オランダがインドネシア独立戦争だけで五万から一〇万人を殺害しているが、日本は義軍の反乱（一九〇八—〇九年）を鎮定するに推定一万七六〇〇人を殺害したに過ぎない。また、ヨーロッパ諸国のような強制労働制度や強制収容所は設けなかったし、一般農民や市民を柵で囲まれた村や収容所に強制的に押し込める隔離政策も行っていない。

さらに大きく異なるのは、日本が経済・産業・教育などのインフラストラクチャーを構築したと、イギリスのダーラム大学キース・プラット教授の評価に同意し、「われわれ二人にとって非常に印象的だったのは、朝鮮の近代化のために日本政府と朝鮮総督府が善意をもってあらゆる努力を惜しまなかったという事実だった。だから日本の植民地政策は汚点は確かにあったものの、同時代の他の植民地保有国との比較において、アモス氏（オズ・アモス：イスラエルの代表的作家）の言葉を借りるなら『Almost Fair』だったと判断されてよいのではないかと愚考する」と述べている。

これを数字的に示せば併合前の一九一〇年の人口は一三一二万八七八〇人、一九四二年には二八一二万〇一七四人と二倍に増加し、一九一〇年の平均寿命二三歳が一九四二年には四五歳となっていることからも日本の人道的な統治が証明できるのではないか。

しかし、韓国の国を挙げてのプロパギャンダにより、二〇〇八年には国連の人権理事会で「日本軍性奴隷制度非難決議」を採択させ、アメリカの下院本会議では「従軍慰安婦問題謝罪決議」が採択された。さらに二〇一一年一二月にはソウルの日本大使館前に従軍慰安婦像を設置し、アメリカでは二〇一〇年一〇月にニュージャージー州のパリセーズパーク市の図書館脇に慰安婦の碑を、二〇一三年にはカリフォルニアのグレーンデイル市ハッケンサック裁判所脇に慰安婦像を設置した。以来、二〇一四年末までに一〇ヵ所に設置され、グレーンデイル市では「韓国慰安婦の日」が制定された。しかし、『朝日新聞』が偽造であったと謝罪し、アメリカでもクリントン、ブッシュ両政権下に八年間掛けて旧日本軍やドイツ軍の「女性の組織的な奴隷化」を八〇万件（日本関係は一四万二〇〇〇ページ）を調査したが、そのような文書は発見できなかったとの「ナチス戦争犯罪と日本帝国主義政府の記録の各省庁作業班（IWG）米議会宛最終報告」を二〇〇七年に纏《まと》めているのだが。韓国の歴史戦争は終わりそうにない。

朴槿恵《パククネ》大統領は二〇一三年三月一日の三・一独立運動記念式典で「日本と韓国の加害者と被害者という歴史的立場は一〇〇〇年の歴史が流れても変わらない」と演説し、韓国人は日本の支配を「千年恨」と言っている。

日本に対し中華世界に順応できない蛮族の「チョッパリ（猪足―日本人は足袋をはいているので）」「倭《わ》族」「日本奴」などと軽視し優越感を持っていた朝鮮人が、劣等民族と考える日本に三六年間統治された屈折した感情を抱いているのは理解できるが、日本の大使館前に従軍慰安婦像を設置したのは、韓国が今後ともわが国との友好関係を築こうという意志がないからであろう。となると「どうぞご自由に」と『脱亜論』で行くしかないのではないか。

5　日露戦争後の世界情勢

日露戦争の勝利が世界情勢を激変させた。日露戦争以前の日英と露独仏の対立図式から、ドイツに対する敵対を軸として、同一歩調を取り始めていたイギリス（日本も日英同盟から自動的に参加）とロシアが、世界戦略の一環として接近しつつあった。そして、ドイツの急速な軍備増強に脅威を感じたフランスも、この日英ブロックへの参加が必要な国際情勢に変化していった。ベトナムの反仏独立闘争を日本が支援していると猜疑《さいぎ》するフランスにとって、日仏協商は植民地ベトナムを確保するためにも必要であった。対日接近のフランスの切り札は日本の公債引き受け問題であった。賠償金が得られなかった日本は、戦後経済を円滑に処理するために外貨が必要であった。

また、日露戦争で獲得した朝鮮や満州の権益を確保するためにも、フランスとの合意が必要であった。このように日仏両国の利害が合致し、一九〇七年六月に日仏協商が締結され、日仏政府の間でベトナムと朝鮮における両国の既得権益《きとくけんえき》を相互に尊重することが確認され、日本は三億フランの借款《しゃっかん》を得た。

一方、日露戦争後ドラスチックに変化したのが日米関係であった。アメリカには大国となった日本がフィリピンの独立支援を口実に侵略するのではないかとの疑惑が高まった。この疑念に日本は、一九〇五年に桂・タフト協定、一九〇八年に高平・ルート協定を締結し、日本の朝鮮支配を認める代わりに太平洋及び中国の現状維持とフィリピンへの不干渉を保障した。

しかし、日本は鉄道王ハリマンの南満州鉄道共同経営案を拒否しただけでなく、英米の満州への介入を阻止しようとロシアに接近し、一九〇七年七月には満州を南北に分割する第一回日露協商、一九一〇年七月には第二回日露協商を締結し諸外国の満州への参入を抑止しようとした。

このように、日露戦争後、日米関係は友好から対立へ、日露関係は対立から協調へと転換した。日米対立は満州問題と日本の移民問題にあったが、特に講和会議を有利にしようとしたウィッテや、ロシアの敗北で孤立したドイツが、日英や日米を分断しようと黄禍論を展開したこと、アメリカが中国、特に満州への経済的進出を阻止されたこと、さらに戦後に経済の低迷から多数の移民がアメリカ西岸に急速に増加したことから加速した。

そして、アメリカには「太平洋の地図を案ずるに、日本が将来自国の地位を堅固ならしめるために、戦う国は米国以外にない」。日本は開戦四週間後に二〇万、四カ月後に五〇万、一〇カ月後に一〇〇万余の兵力を送り、ハワイ、フィリピンからアラスカ、ワシントン、オレゴン、カリフォルニア州などロッキー山脈以東を総て占領するであろうとの、ホマー・リーの『日米必戦論』に代表される多数の日本脅威論が発行され、一九〇六年にはサンフランシスコで日本学童隔離法案が施行された。

6　日英同盟の改訂

日露戦争第二年目の一九〇五年八月一二日に日英同盟は第一次改訂が合意され、この改訂で条約の適用範囲が清《しん》国と朝鮮からインドにまで拡大され、さらに清国の独立と領土権および清国における商工業の機会均等が加えられた。

しかし、何より重要なことは、この改訂で両国の領土又は特殊利益が、いずれかの地域で犯された場合は「締盟国ハ直ニ来リテ同盟国ニ援助ヲ与ヘ、協同戦闘ニ当リ講和モ亦《マタ》双方合意ノ上ニ之ヲ為スベシ」（第二条）と攻守同盟に改訂され、期間も五年から一〇年に延長されたことである。この改訂は満州への進出を阻止されたロシアが、インドに向かうことを恐れたイギリスが同盟の適用範囲をインドまで拡大したものであり、日本にはロシアの復讐《ふくしゅう》戦を抑止するという狙いがあった。

一九一一年七月の第三次改訂ではロシアという共通の敵が消滅し、日露協約、日仏協約、英露協商の締結、アメリカや自治領カナダ、オーストラリアの人種問題をめぐる対立もあり、日英同盟は存続の危機を迎えていた。

この改訂ではアメリカの日英海軍に挟撃されるとの疑念を解消するために、「両締盟国ノ一方カ第三国ト総括的仲裁裁判条約ヲ締結シタ場合ニハ、……第三国ト交戦スル義務ヲ負ハシムルコトナカルベシ」（第四条）と、アメリカを日英同盟の適用外とした。この時点で日本が同盟の継続を希望したのは、中国の安定であり国際的孤立の回避にあった。

一方、イギリスが継続を希望したのは中国問題に加えて、ドイツの海軍力の増大があった。イギリスは同盟の継続が合意されると、極東の海軍力バランスを日本海軍に期待し、アジアから海軍兵力をヨーロッパに回航するなど、この改訂では同盟の対象がロシアからドイツに変わり、日英同盟はイギリスに得るところの多い片務的な条約に変質し、共通の敵を失い商業的利益の対立と、英米の接近という情勢の変化で前途に暗雲が漂っていた。

このような時に第一次世界大戦が勃発《ぼっぱつ》したのであった。

第6章　日本海軍の対英支援作戦

1 浅間のマグダレナ湾座礁事故

メキシコの内乱に伴い日本海軍は一九一三年一一月以降、巡洋艦出雲《いずも》をメキシコ西岸に派遣し、在留邦人の保護に当てていたが、第一次世界大戦が勃発《ぼっぱつ》するとイギリスの要請を受け、北米西岸の哨戒《しょうかい》に従事していた。しかし、青島《チンタオ》を基地としていたマクシミリアン・フォン・シュペー中将指揮のドイツ東洋戦隊が、北米方面に出現する可能性が強まったため、一九一四年一〇月一日には出雲艦長指揮下に遣米支隊が編成された。八日には旧式戦艦肥前《ひぜん》（日露戦争で捕獲した元ロシア戦艦）が、一一月一〇日には巡洋艦浅間《あさま》が追加され、イギリス巡洋艦ニュー・カッスル、オーストラリア巡洋艦オーストラリア、カナダ軽巡洋艦レインボーと協同し、シュペー艦隊の追跡作戦に参加していた。この作戦中の一二月三一日に浅間がメキシコ領のマグダレナ湾に入泊時に、海図未記載の暗岩に座礁してしまった。日本海軍はドイツ武装商船の襲撃から浅間を守るため巡洋艦二隻、工作艦や補給船を派出した。すると『ロサンゼルス・タイムズ』は一九一五年四月一四日に一面トップで、日本は艦隊を派遣してマグダレナ湾で何をしているのか、そこには五隻の軍艦と六隻の給炭船と補給船に守られた四〇〇〇人の海兵隊と兵士がいたとの標題を掲げ、五枚の写真を掲載して次のように大きく報じた。

自分は僅《わず》か一週間前にマグダレナ湾を訪れたが、湾内には浅間、出雲、常磐《ときわ》、千歳《ちとせ》の四隻の巡洋艦とペナン丸、鎌倉《かまくら》丸およびイギリス給炭船レナとプロテロウスが在泊し、湾口には日没から日出まで警戒艇が配備されていた。サンジェゴから四〇九海里しか離れていないアメリカにとって戦略的に極めて重要なこの湾に、日本海軍は機雷を敷設している。また、毎日数百人の兵士が内陸部へ進んでいたが、どの程度の兵舎が内陸部に建設されているかは確認できなかった。この基地がアメリカを攻撃するものか、メキシコを攻撃するものであるかは不明であるが、この湾からアメリカ西岸は一撃の距離にあり、この湾はパナマ運河へも近く、ミカドの軍隊は極めて緊要な戦略地点を確保したといえよう。メキシコはなぜ日本の中立違反に抗議をしないのであろうか。日本海軍は数時間で引き降ろせる軟土に故意に浅間を座礁させ、それを口実に艦艇を集め基地を確保しようと考えていると私は確信する。

2　日本の参戦阻止へのドイツの陰謀

一方、カリブ海やメキシコへの進出でアメリカと対立するドイツは、アメリカの反独世論を反日世論に変えようと、また、アメリカと対立しているメキシコは日本を利用してアメリカを牽制《けんせい》しようと各種の陰謀工作を行っていた。しかし、第一次世界大戦が始まると日本の参戦を阻止するとともに、黄色人種と同盟したイギリスへの反感を高め、アメリカの世論を反英に転じようと、さらに活発な反日キャンペーンを開始した。八月一二日には、日本の参戦に関して種々伝えられているが、この戦争はヨーロッパの戦争であり、もし日本が参戦し日本の軍艦がアメリカ近海に出現することになれば、アメリカの安全上から無視できないであろうとのサンフランシスコのドイツ領事の自署の一文が新聞に掲載された。また、アメリカの新聞は日米戦争の勝敗はメキシコにおける勢力の消長如何《いかん》にあり……メキシコにおける両国の角逐はその「勝負ノ分岐点ナリトス」と論じた。さらに、ハースト系新聞はビクトリアノ・ウエルタ大統領がアメリカに反抗するのはメキシコ軍の中に、日露戦争に参加した多数のベテラン日本兵が従軍し、メキシコ軍を指揮しているからであると報じていた。

いかに日米開戦のうわさが流布していたかは、ニューヨークの日本協会が、アメリカは日本商品の主要輸出先で全輸出の三分の一が向けられている。日本の国力は貧弱であり、さらに現在多額の負債を抱えている。日米間には四五〇〇マイルの距離があり、しかも中間に補給基地がないなどと、経済的にも技術的にも日本がアメリカに戦争を仕掛けることなどはありえない、との「日米開戦不可能の理由一一項目」を新聞広告に出さなければならなかったことでも理解できるであろう。

このような状況のなかで、一九一七年一月にはドイツ外務大臣アルトゥール・チィンメルマンから、メキシコ駐在ドイツ大使に宛てた電報が、アメリカの新聞に大きく掲載され対日猜疑《さいぎ》心をさらに高めた。この電報はアメリカが参戦するならば、ドイツはメキシコと同盟しドイツが勝利した暁には、米墨戦争でアメリカに奪われたテキサスやアリゾナなどを返還させる。また、メキシコにドイツと日本の仲裁と日本の対米戦争への参戦を説得せよとの内容であった。

この電報がアメリカの対日不信感を高め日米に深い亀裂を生んだ。一九一七年には農務次官ブルマンが、アメリカがメキシコに対して強圧的手段を講じられないのは、メキシコ軍に多数の日本の退役軍人がいるからであると発言し、議会でも下院共和党党首マンが陸軍予算の説明に、ブルマン次官の発言を引用して対日脅威を煽《あお》るなど、海軍のみならず陸軍の兵力増強にも日本の脅威が利用されたのであった。

3　大戦前期の日本海軍の活動

第一次世界大戦勃発五ヵ月前の一九一四年度海軍予算の議会報告で、ウィンストン・S・チャーチル海相は、イギリス海軍はオーストラリアやニュージーランドを日本の侵略から守る任務もあると述べていた。また、開戦二ヵ月前にはニュージーランド首相ウィリアム・マッセイーが、オーストラリアやニュージーランド国民が日本海軍の水兵に守られることに満足するものではない。そのような事態になったとすれば、それはチャーチル海相の大失策であると公言していた。

しかし、第一次世界大戦が勃発すると、イギリス海軍が大部分の艦艇を大西洋方面に引きあげたため、オーストラリアやニュージーランドは自国の安全を仮想敵国視してきた日本海軍に依存せざるを得ない状況になった。大戦前期に日本海軍がオーストラリアやニュージーランドを支援した作戦としては、巡洋戦艦伊吹《いぶき》のANZAC船団護衛、オーストラリアのジョージ・F・パティ艦隊司令官少将指揮の英加豪連合艦隊に遣米支隊が参加し、ドイツ東洋戦隊をガラパゴス諸島まで追跡した対シュペー作戦が大きなものであった。

第一次世界大戦が勃発して一カ月が過ぎると、それまで所在を秘匿していたドイツ東洋戦隊が、英領ファンニング島を襲撃して無線通信所を破壊した。九月一四日にはエムデンがベンガル湾に出現し、一六日から一九日の間に商船五隻を撃沈し一隻を捕獲、さらに二一日にはマドラスを砲撃、二二日にはシャルンホルスト、グナイゼナウがタヒチを襲撃して、フランス砲艦ゼレーを撃沈するなど太平洋・インド洋で活発な活動を開始した。

このような状況下、マッセー首相がヨーロッパへ派遣する陸軍部隊を護衛も付けずにインド洋を横断させることに反対したため、日本海軍はイギリス海軍の依頼に応じて伊吹をフリーマントルに派遣した。以後、伊吹とイギリス巡洋艦ミノトーアはニュージーランド陸軍部隊を乗せた輸送船一〇隻を護衛してタスマン海を横断、アルバニーでオーストラリア陸軍部隊を乗せた輸送船二八隻が加わった。以後、イギリス巡洋艦ミノトーア、オーストラリア巡洋艦シドニー、メルボルンなどとともにANZAC部隊の輸送船三八隻を護衛していたが、途中でメルボルンとミノトーアが他の任務で引き抜かれた。さらにココス島がエムデンに攻撃されているとの電報でシドニーが隊列を離れたため、結果的に、伊吹が終始船団を護衛しエムデン撃沈の栄誉をシドニーに譲り、オーストラリア海軍に最初の武勲を飾らせた。これが「伊吹の武士道的行為」として礼賛され、日本海軍のオーストラリア警備作戦の成果や友好のシンボルとされて今日に至っている。

さらに一一月一日にイギリス海軍がコロネル沖海戦で敗れると、シュペー戦隊を包囲するため、日本海軍は第一南遣支隊に巡洋艦筑摩《ちくま》・矢矧《やはぎ》を、第二南遣支隊に巡洋戦艦生駒《いこま》を追加し、フィジーやソサエティ諸島、オーストラリア東方海面に派遣し、遣米支隊をガラパゴス諸島に展開した。その後一二月八日のフォークランド沖海戦で、イギリスが巡洋艦ドレスデンを除きシュペー艦隊を撃破すると、残敵掃討を日本海軍に依頼し総《すべ》ての艦艇をヨーロッパに引きあげた。これを受け日本海軍はドレスデンが撃破される一九一五年三月まで、遣米支隊の一部を北米南岸に、また巡洋艦日進《にっしん》をフィジー方面に配備し、オーストラリア東岸やニュージーランドの警備に当てた。

4 大戦後期の日本海軍の活動

太平洋やインド洋のドイツ海軍勢力が一掃されると、日本海軍は第三艦隊の一部をシンガポールに留《とど》め、フィリピン・インドネシアなどの中立国港湾に潜伏中のドイツ商船（約四〇隻）の監視を引き受けたが、特に変わった事象は生起せず平穏に推移していた。しかし、一九一六年に入り中立国所在のドイツ商船が武装し、海上交通破壊作戦を始めたとの情報が入ると、二月八日にイギリス海軍はオーストラリア〜アデン間の航路警戒のために巡洋艦、マラッカ海峡警備のために駆逐隊の派遣を要請してきた。この要請に第六戦隊（巡洋艦新高《にいたか》・利根《とね》・対馬《つしま》・明石《あかし》）の警備区域を拡大し、利根・対馬をインド洋に派遣し、駆逐隊一隊（四隻）をマラッカ海峡に増派した。

その後、一九一七年一月になりドイツが通商破壊作戦を強化すると、イギリス海軍は地中海へ駆逐隊、喜望峰へ巡洋艦二隻の派遣を依頼してきた。この依頼に一九一七年二月七日、第六戦隊を解隊し巡洋艦矢矧・対馬・新高・須磨《すま》および第二駆逐隊で第一特務艦隊を編成し、対馬・新高を喜望峰方面に派遣すると通知し準備を開始した。

しかし、通商破壊船ウルフがインド洋に進出したとの情報が入ると、三月一日には対馬・新高のインド洋残置と、巡洋艦または戦艦四隻によるオーストラリア〜コロンボ間の船舶護衛を、さらに三月二六日にはオーストラリア東岸およびニュージーランド方面の警備と新高・対馬のモーリシャス方面への進出を依頼してきた。これらの依頼に第一特務艦隊に矢矧・利根・出雲および駆逐艦四隻を増派し、対馬・新高をモーリシャス方面に進出させ、四月一四日には第三特務艦隊（巡洋艦筑摩・平戸《ひらと》）を新編し、オーストラリア東岸とニュージーランドの警備に当てた。

さらに四月上旬から六月上旬の間、巡洋艦春日《かすが》・日進を増派し日進をフリーマントル、春日をコロンボに配備し、インド洋の警備に当てるとともに、フリーマントル〜コロンボ間の直接護衛（船舶一六隻）を行った。オーストラリア警備を命じられた第三特務艦隊は、一九一七年五月中旬から一二月の間、シドニーやウエリントンなどを基地として警備に当たり、七月にはカンバーランド号の救助、八月から九月には行方不明となったマツンガ号の捜索救助、九月から一〇月にはドイツ武装商船ゼーアドラ号の捜索撃滅のために出動した。

オーストラリア警備を命じられた艦艇は、このように主としてオーストラリア〜コロンボ、状況によりアデンまでの船舶の護衛や哨戒、誤情報などに基づく武装商船の捜索や遭難船の救助程度で、オーストラリア公刊戦史が日本海軍のオーストラリア警備作戦は、実際の寄与以上に評価されていると記している通り、直接的な成果はなかったと言える。

しかし、『第一次大戦海戦史』の著者ポール・G・ハルペレンは、『イギリス公刊海戦史』は日本海軍の大きな貢献を無視していると非難し、ドイツ側公刊戦史はシュペー戦隊が南米に逃れたのは、日本の海軍力を恐れ日本を刺激しないためであり、またドイツの武装商船がオーストラリアやニュージーランド近海に進出しなかったのは、無線通信の傍受から日本の軍艦が活発に行動していることを察知したためであったと記している。

また、当時のオーストラリア海軍の状況は、艦艇の大部分がヨーロッパに転用され、巡洋艦エンカウンター一隻と駆逐艦三隻しかなく、しかもエンカウンターは常に援護任務につき、駆逐艦三隻も第三特務艦隊の到着を待って修理に着手し、完了後は直ちに地中海に派遣しなければならない状況にあった。そして、一九一七年五月には通商破壊船ウルフが太平洋に侵入し、二カ月後には貨物船ポート・ケンブラ、客船ウイメラが触雷沈没し、貨物船ワイルナが拿捕《だほ》され、五月から六月の二カ月間だけで一二件もの行方不明船や怪船出現情報が乱れ飛んでいた。

このような時に常に巡洋艦一〜二隻が配備され、第三特務艦隊の筑摩、平戸だけでもシドニーに一七回、ジャビス湾に一〇回、メルボルンに三回、ホーバート、タスマニア、タ－ンズビル、ブリスベンに二回入港して雄姿を示したことは、ドイツの武装商船により海上交通が乱され、誤情報に不安を抱くオーストラリアやニュージーランド国民にとっては心強い存在であったであろう。

一九一八年八月にバルフォア外相が訪英した日本赤十字代表に、「今日、英国からエジプト・インド・オーストラリアへ日本海軍の支援なくして行くことは出来ない」と述べたが、イギリス海軍軍令部では一九一七年四月一四日の日本海軍の活動状況を次のように報告していた。

地中海に巡洋艦一隻、駆逐艦八隻が活躍中、巡洋艦二隻がセイロン―モリシャス間でオーストラリア陸軍部隊を護衛中、巡洋艦利根がシンガポール―コロンボ間でイギリス陸軍部隊を護衛中、また、巡洋艦二隻、駆逐艦四隻がマラッカ海峡を哨戒中であり、さらに、巡洋艦三隻（出雲・春日・日進）がオーストラリア―コロンボ間の護衛に当たるため、オーストラリアに向け航海中である。

5　称賛された地中海の日本艦隊

地中海に派遣された第二特務艦隊の巡洋艦二隻と駆逐艦一六隻（四隻のイギリス貸与の駆逐艦・スループ艦を含む）は、マルタ島を基地として一年九カ月の間、輸送船団の護衛と対潜作戦を指揮するイギリス地中海艦隊司令官のもとで、最も重要な軍隊を運ぶ輸送船の護衛任務に当たった。主要な護衛区間はアレキサンドリア―マルタ―マルセイユ、アレキサンドリア―タラント、マルタ―サロニカ間で、護衛した回数は三四八回、護衛した艦船の総数は八〇九隻、兵員は七〇万人であったが、特に一九一八年四月中旬から六月中旬には、アレキサンドリアから約一〇万の連合国兵士をマルセイユに護送し、九月下旬にはエジプトからサロニカへ連合国の陸軍部隊を護送した。

第2特務艦隊が護衛した船舶数

国別	軍艦	輸送船
イギリス	21	623
フランス		100
イタリア		18
その他		26
合計	21	788

この護送はイギリス国防委員会が作成した『欧州戦争中の海上輸送』に、ドイツ潜水艦の攻撃に悩まされていた「連合軍として若干意を強うするに足る事実少々之《これ》無きに非《あら》ず」、日本海軍の支援によって「我軍隊輸送船の行動上の危険が従来より著しく減少したこととなり」と、記されており、緊迫した当時の連合国側の戦況を有利に転換するのに、大きく寄与したことであろう。

マルタ基地司令官のジョージ・A・バラード少将からは、イタリアやフランス海軍とは作戦方針などをめぐり、しばしば摩擦が生じたが、佐藤皐蔵《さとうこうぞう》司令官は常にわれわれの要望に応《こた》えてくれるので何ら問題はなく、その仕事に満足している。日本艦隊の支援は貴重である。フランスの稼働率はイギリスに比べて低く、イタリアはフランスよりさらに低いが、日本海軍は別であると報告された。地中艦隊司令官のG・C・ディッケンス中将からは、「佐藤司令官は常に私の要望に応じようと艦隊を即応体制に維持し、彼の部下は常に任務を満足に遂行している」。「日本艦隊は云うまでもなく素晴らしい」などと、日本海軍の協力を称賛する報告が送られていた。事実、第二特務艦隊の出動率（出動日数・一カ月三〇日）は、連合国駆逐艦の出動率が最大のイギリスで六〇％、フランス・イタリアが四五％であったが、第二特務艦隊は七二％と群を抜いており、出動日数も一ヵ月に二五日から二六日、航程は一ヵ月六〇〇〇マイルに及んでいた。

地中海に派遣された駆逐艦は被雷した船舶から七〇七五人を救助し、イギリスの公刊戦史は日本駆逐艦の救助活動を、「自ら雷撃を受くる恐れあるに拘《かかわ》らず、之を冒して勇敢に行動し」、トランシルヴァニア号被雷時には三二六六名中三〇〇〇名を救助し、定期船ムールタン号被雷時には五五四名中「その操艦の巧妙なりしことに因《よ》り、一人のほか全員救助されたり」と称《たた》えた。

また、『ロンドン・タイムズ』は日本海軍の救助を“Speedy arrival and seamanlike shiphandling”,“Goodseamanship and greatest rapidity of action”と報道し、その勇敢な救助活動と被害者に対する温かい配慮が高く評価され、一九一七年末にはイギリス議会で日本海軍に対する感謝決議が採択された。また、一九一八年には珍田《ちんだ》捨巳《すてみ》駐英大使がバッキンガム宮殿に招かれ、ジョージ五世国王も「日本海軍軍人ノ働キ振リニ関シテハ、我関係指揮官ヨリ辞ヲ極メテ感謝賞揚ノ報告アリ。朕ノ深ク感動且《かつ》満足スル所ナリ」とのお言葉を賜っている。

第7章　陸軍のヨーロッパ派兵要請と日本

1　派兵要請を拒否し続ける日本

第一次世界大戦勃発《ぼっぱつ》一カ月後の一九一四年八月三一日、ロシア外相セルゲイ・サゾーノフからヨーロッパへの派兵要請を受けた駐露本野一郎《もとのいちろう》大使は、平和条約締結の際に発言権を得られ、「帝国発展ノ素地」を作ることができるので、応じるべきであると進言した。九月二日にはイギリス外相エドワード・グレーから駐英井上勝之助《いのうえかつのすけ》大使に、地中海への艦艇派遣が打診された。しかし、日本はわが国の軍隊はわが国土を守るためにのみ存在するものであり、「本件ハ主義上実行不可能」と回答し、これら要請のいずれにも応じなかった。

この拒否にもかかわらず、一一月四日に再び駐日大使ウイリアム・C・グリーンからトルコが新たに同盟側に加わり兵力が不足していること、日本が戦後における列国との「商議ニ一層有力ナル発言権ヲ有シ得ル」ことなどを理由に、陸軍のヨーロッパ派兵と巡洋戦艦の地中海派遣を打診してきた。

外務大臣加藤高明《かとうたかあき》は一一月一四日、国軍の「唯一ノ目的ハ国防ニ在ル」ので、「国防ノ性質ヲ完備セサル目的」のために帝国軍隊を遠く国外に派出することは、「組織ノ基本タル主義ト相容《い》レサル所」で、「主義上ニ派兵ハ不可能」である。また、派兵するとすれば相当に効果ある貢献をしなければ国民が納得しない。そのためには、一〇個軍団以上の兵力を派出する必要があるが、船舶の不足、多大な経済的負担などから困難であり、「国民一般ノ同意ヲ求ムルモ之《これ》ヲ期待シ難シ」と拒否した。

しかし、一九一五年に入り連合国に不利な戦況となると、ロシアやフランスの新聞が日本の出兵を論じ、特にフランスの新聞はインドシナの割譲を条件に、日本軍の派兵を要請せよとさえ報じた。三月には駐日ベルギー大使からも、出兵の可否が打診された。しかし、日本の態度は変わらなかった。特に、革命によりロシアが連合国側から離脱し、勢いを得たドイツ軍がパリ郊外に迫るなど連合国が不利な態勢となり、さらにアメリカがドイツの無制限潜水艦戦を非難して、「ドイツ軍国主義打倒」をスローガンに参戦後は日本の非協力への非難が高まった。連合国の協力を協議する連合国戦争指導会議が間近になった一九一七年一〇月から一一月にかけ、ヨーロッパ諸国の日本に対する派兵要請は最高潮に達した。一〇月八日にはフランス外相アレキサンダー・F・J・リボから、一六日には在仏セルビヤ公使からサロニカへの派兵が打診された。

2　派兵を上申し続けた外交官

これらの要請を受けた駐仏大使松井《まつい》慶四郎《けいしろう》は、このままの状況が推移すれば、日本への出兵要求が新聞などの世論の段階を越え、当国政府が「何等カノ手段ヲ執ラザルベカラザル様、余儀ナクセラルル」ようになるのではないかと報告した。この報告に政府は、正式に出兵要請を受けるようになっては「甚ダ迷惑ノ儀」なので、貴官は十分に注意し、「予《あらかじ》メ予防ノ措置ヲ講シ置カルル様ニ致サレタシ」と回訓した。この回訓を受けると松井大使は、このような対応では「連合国トシテノ温キ感情ハ之ガタメ冷却スルニ至ル」であろう。特に「人道ノ為」にとアメリカを始め、南米の国々までもがドイツを敵として参戦している今日、「日本ガ出兵ヲ拒ミタリトテハ、其《そ》ノ反動モ軽カラザルベシ」と報告した。そして、派兵援助とは比べようもないが、派兵が困難ならば、連合国が必要としている船舶・食糧・石炭などを供給し支援すべきである。「右ノ意見ヲ上申スルヲ以《もっ》テ職責ト存スルニ付、右方法ノ如何《いかん》ニ係ハラス篤ト帝国ノ現時及将来ノ立場ヲモ考慮セラレ、御熟考ヲ加ヘラレンコトヲ切望ス」と再度上申した。

一〇月二〇日には出兵を「繰返し懇願」された駐露内田康哉《うちだこうさい》大使は、ロシアに内乱が起こりその一部がドイツと組むような事態ともなれば、諸外国の対日非難はさらに激化し、この世論を受けて諸国政府が正式に「帝国政府ニ対シ出兵ノ相談ヲ持出サザルヲ得ザルコトニナルヤモ測ラレズ」。その時に至って派兵が不可能なことを弁解しても理解が得られるものではなく、「与論ノ喧噪《けんそう》ヲ来タシ甚ダ面白カラザル立場ニ陥ル」ので対策を講ずる要があると上申した。一〇月二三日には、フランス政界の有力者アノートから松井大使に、ロシア、サロニカあるいはルーマニアへ小規模でも派遣できないかとの打診があった。さらに、一〇月三〇日には日本が「出兵セザルヲ毫《ごう》モ不思議ト考ヘ居ラザル体」であった、アメリカの国務長官ロバート・ランシングからも駐米佐藤愛麿《さとうよしまろ》大使に、日本軍をイタリア戦線へ派遣できれば「絶大ノ効験アル可《べ》シ」と要請された。

一一月五日にはイタリアの外務次官ボルサレリから、伊集院彦吉《いじゅういんひこきち》大使にロシア戦線への派兵が依頼された。一一月一四日にはイギリスのアーサー・J・バルフォア外相が「一体日本国民ハ日英同盟ノ範囲以外ニ於テハ何等戦闘ニ協力セズト言フ考ナリヤ」と非難し、それまで日本の派兵不可能論に理解を示していたイギリスからも、ロシアあるいはメソポタミヤへの派兵が要請された。そして、日本における雑誌『太陽』などの出兵反対論争、反英論争が伝わったためか、一一月一九日には駐英珍田捨巳《ちんだすてみ》大使から日本の新聞や雑誌などが、一致して派兵反対論を展開しているのは戦局不利な連合国側に、「甚ダ面白カラザル印象ヲ与ヘツツアル」ので、政府として「相当手心ヲ加ヘラルル様希望ニ堪ヘズ」と上申した。さらに珍田大使はイギリスにおける対日非難が最高潮に達した一一月二三日、「対日感情ハ暫時面白カラザルモノアリ」。しかも日本の主張する不可能論の理由とするところは「概シテ首肯スルニ足ルモノナク、要スルニ日本ハ自己ノ利益ノ外、共同ノ敵ニ対スル観念ヲ有セサルモノノ如シ」というのがイギリス「一般ノ感情ナリ」。日本が派兵に応じない理由をイギリスの各界は次のように見ていると打電してきた。

軍人・連戦連勝の威名を輝かした日本軍ではあるが、ドイツに対しては「何事ヲモ為《な》シ得ザルヲ知ガ故ニ」、その名誉を傷つけることを恐れているのであろう。

経済界・日本は連合国が総《すべ》てを犠牲にして戦争をしている隙に、経済的発展のみに腐心している。日本が派兵に応じないのは、もし多量の軍隊をヨーロッパに派遣すれば、多量の船舶を軍需輸送に使用しなければならず、貿易用の船舶が不足すると考えているのであろう。

知識人や官僚・「自国ノ利害以外与国共通ノ目的ヲ重ンズルモノニアラズ。専ラ国利ノ発展ニ腐心シ、特ニ東洋ニ於テ地盤ヲ鞏固《きようこ》ニセント努メツツアリ」。

そして珍田大使の電文の末尾には、日本に対する「反感的口気ハ風説ニ風説ヲ」生み、なかには「日本ハ独逸《ドイツ》ト黙契アリナド言ヒ触ラスモノアリ」。日本贔屓《びいき》のロイド・ジョージの秘書でさえ、"Japan is playing with war"と述べていると悲痛な文面となっていった。

3 ジャーナリズムの派兵反対の大合唱

秘密裡《り》に地中海に派出した駆逐艦松《まつ》のトランシルヴァニア号救助の勇敢な行動や、駆逐艦榊《さかき》の被雷ニュースがヨーロッパの新聞に報じられると、『日本及日本人』は六月号で「大西洋の軍隊及び食糧輸送の為に船腹を供給するが如きは、大に熟考を要すべき問題とす。大西洋に軍隊及び食糧輸送の為め船腹を供給するは、言う迄もなく準欧州出兵なり。我邦には左《さ》したる義務も無ければ固《もと》より利益も無し」。地中海への艦艇派遣などは「我が義務以外の義務なり。我邦たる者余り他邦の扇動に乗るべからず」と批判した。

このような親独感情の強い日本の現状にたまりかねたイギリスが、新聞記者ロバートソン・スコットを派遣し、スコットが雑誌『新東洋』に欧州派兵についてアメリカ人が今や何等の利益も眼中に置かず、全力を尽くして大戦に参加しているのに、日本では最も教育ある人ですら自国の財政や領土に直接利害関係あること以外は、大戦に関して無関心の人が少なくない。日本人は自国の利益しか考えられないのかと、「世界の大勢に関し日本人の反省を望む」との記事を書いた。すると、この記事をめぐって日本のジャーナリズムは一斉に反発した。雑誌『太陽』は九月号に「欧州出兵の愚論」、「新東洋の暴論」などの特集を組んだ。鈴木真《すずきまこと》は「欧州出兵の愚論」で次のように反論した。

「日本が他人の為に欧州下《くんだ》り迄出兵する義務は誰が負わされた。必要はどこにある。もし又自己の為にとならば日本は遥々《はるばる》欧州迄出兵して、何の利益があると問いたい」。「現在の如く、あれも対同盟、これも対同盟で義務の無限荷重では奴隷の任務その儘《まま》である」。「日英同盟の義務は無限に拡大され、やがて経済大会の申合わせがあった。しかし、これは単に一時的の申合わせに過ぎず、さしたる約束を未来に及ぼしもせんから我慢も出来る。それで又単独講和の加入となった。加入は拘束を意味する。どちらでもいい事に我から好んで拘束を受けるのは、鼻づらを人に提供して綱を牽《ひ》き通される牛的気分である」。

また、東京帝国大学の教授であろうか、赤門学人というペンネームの筆者は、「日英同盟に就いて――『新東洋主幹スコット氏に質《ただ》す」との題で、スコットを批判する次のような感情的な反論を書いた。

この戦争について独逸に対する英国の腑甲斐《ふがい》なきに驚き入って居るのである。……日英同盟の将来が如何《いか》にも不安に憂慮に堪えないように思われる。吾人《ごじん》は日英同盟を命綱と頼み得ることは出来ないのである。……ブルドッグ的に吾人に嚙《か》み付かんとは、いよいよ以て呆《あき》れざるを得ない。吾人はスコット氏を以て日英同盟の破壊者と見なす。少なくとも日英同盟の将来に有害なる危険分子と見なす。

また、大庭柯公《おおばかこう》は「新東洋の暴論」で、出兵を要請するほど弱い「英国のその如何にも不甲斐なきに驚入っているのである」。そして余りにも弱いため、「日英同盟の将来が如何にも不安と憂慮に堪へないやうに思われる」のであり、「吾人は日英同盟を命綱と恃《たの》み得ることが出来ないのである」と書いた。

出兵反対論はその後も続き、『太陽』の一〇月号には法学博士千賀鶴太郎《せんがつるたろう》の「日本の欧州戦乱に対する地位」を、一一月号には浅田江村《あさだこうそん》の「千賀博士の『日本の欧州戦乱に対する地位』と連合国の現状」を掲載した。千賀は日本に出兵の義務があるのか、利益があるのか、アメリカが参戦したのは世界人類の平和等の美名のためではない。アメリカの参戦はヨーロッパへの勢力拡張や、連邦制のために弱い中央政府の権力を参戦によって強化しようとしたまでのことであり、国民の反対が強い軍備拡張を参戦によって図ろうとしただけのことであると論じた。

また、浅田は数値的データを示して、ドイツの無制限潜水艦戦が効果を上げていることを説明し、アメリカの援助もヨーロッパには達せず、「連合国決勝の望みは今や全然絶無であるというの外は無い」。このように不利な「連合国のなすが儘に引きずられて、何ら自主的発動なく、救すべからざる犠牲の深淵《しんえん》に投入するが如きは愚の極」であると反対した。

4　対外関係より国内を重視した政府

一方、議会では野党がこの派兵反対世論を利用して政府を攻撃した。尾崎行雄《おざきゆきお》は七月一日の第三九回帝国議会で、宣戦の詔勅や日英同盟条約によれば、条約の適用区域がインド洋以東に限られているのに、地中海に軍艦を出すということは「詔勅並ニ同盟条約ノ範囲外ノ働キデアルト云フコトハ疑ヲ容《い》レヌ（議場騒然）」と、地中海派遣を同盟条約および詔勅違反であると追及した。また、同盟国イギリスのために「力ヲ出セバ出スダケ、帝国ノ海軍力ハソレダケ減縮致スコトハ疑ナイ」。しかも、同盟国の海軍はこちらが援助しただけ、減り方が少ないのであり、「此《この》彼我海軍力ノ比較、力ノ大小軽重ト言フモノハ、他日外交上ニ如何ナル力トナッテ現レテ来ルカト言コトモ、海軍大臣及ビ外務大臣ハ余程考慮ヲシナケレバナラヌ」のである。忠勇義烈の将士が多数死亡し、「徒《いたず》ラニ関係当局大臣ガ二―三外国勲章ヲ貰ッタ位デ、此忠勇義烈ナル人ノ精神ヲ慰メ得ルモノデハナイ」と、艦艇の地中海派遣を非難すれば、「（拍手起こり）『日独戦争ハ誰ガシタ』」とのヤジが飛び「議場騒然」となる状況であった。

このような世論の反対があり、さらに外交問題が常に政争や政府攻撃の材料として利用される日本では、現在のように対外関係より国会対策などの対内関係を配慮しなければならなかったのであろう。政府は列国の再三の派兵要請に、日本軍を「外邦援助ノ為、此《これ》ヲ使用セシムルコトハ国民ノ到底同意セザル処」であり、「一般国民有識者間ノ賛同ヲ得ルコト全然望ナシ」。「国民一般ノ協賛ヲ得ルコト覚束《おぼつか》ナク、帝国議会ノ協賛ヲ求ムルモ之ヲ期待シ難シ」と苦しい説明を繰り返した。

そしてパリで開かれた連合国戦争指導会議日本代表に、ヨーロッパ派兵には世論の支持が必要であるが、わが国の世論の状況をみても「朝野ノ有力者ハ無論一般公衆ニ至ル迄」同意する者なく、出兵の必要は理解できるが「国論ノ統一ヲ見ルコト到底不可能ナリ」との訓電を発した。日本代表は派兵に要する経費一〇億円というのは、イギリスの戦費の二週間分に過ぎず、アメリカが参戦し「調達容易ノ業」となり、しかも連合国が一切の資源を供出し、「共同ノ目的タル戦勝ノ達成ヲ図リツツアル」時に、納得できる説明ではなかったため、大量の船舶が確保できないと輸送上の困難として派兵が不可能なことを連合国代表に説明した。しかし、このような説明では列国の理解が得られるものでなく、「説明中出兵不可能ニ関スル部分ハ、席上ニ好感ヲ与ヘ得ザルハ勿論《もちろん》」であった。

第8章　アジア主義と日英中関係

1　アジア主義の高揚

第一次世界大戦勃発《ぼっぱつ》前後の一九一四年三月から九月にかけて、新栄汽船の駒形丸《こまがた》がインド人移民を乗せてバンクーバーへ入港したが上陸を拒否され、インドにもどると全員が強制的に下船させられ、二〇名が銃殺され二〇〇余名が投獄される事件が起こった。国内にはイギリスの強制的インド統治を非難する世論とインドに対する関心と同情が高まり、さらに、ドイツがインドを攪乱《かくらん》するため独立派（ガダル党）などに資金援助をしたこともあり、独立運動が活発化しイギリスが取締を強化したため、一九一五年七月にはビハーリー・ボースが亡命してきた。

イギリス政府がボースの引渡しを要求し政府がこれに応じそうになると、『朝日新聞』『やまと新聞』『國民新聞』などが、「民族の独立に奔走している志士を敵の手に渡すことは、情においても国家の体面においても断じて認められない」と反対した。政友会の犬養《いぬかい》毅《つよし》は床次竹次郎《とこなみたけじろう》らの国民党と提携し、これらインド人は人道的政治亡命者であり、イギリスの要求に応じようとする政府の「非違ヲ議会ニテ質問」するなど政府攻撃の材料とした。『やまと新聞』は日英同盟条約には犯罪人引渡しの条項がなく、しかも退去期限が五日間限り、この間には上海と香港以外に便船がないので、「形式に於いては放逐」であるが、その実は犯人の引渡しである。このように「名実伴はざる理由を以《もっ》て放逐をするがごときは国威、国権の失墜」であると政府を非難した。このため石井菊次郎《いしいきくじろう》外相と小池張造《こいけちょうぞう》政務局長が頭山満《とうやまみつる》や東京帝国大学教授の寺尾亨《てらおとおる》と内密に協議し、イギリスには秘密裡《り》に保護を頭山に任せた。

ボースを預かった頭山は新宿のレストラン中村屋の相馬愛蔵《そうまあいぞう》に保護を依頼した。ボースは第一次世界大戦中はイギリスの追及を逃れて住居を転々としていたが、一九二三年には相馬の長女俊子《としこ》と結婚し帰化した。なお、ボースは一九二七年には純インド式カリーを初めて日本に紹介し、このカリーは現在も中村屋の名物となっている。

一方、ボースは大川周明《おおかわしゅうめい》、犬養毅、内田良平《うちだりょうへい》などの支援を受け、講演会や著作などを通じてイギリスのインド支配を批判し、一九二一年には『改造』に「汎回教主義と汎亜細亜《アジア》主義」との論文を投稿し、インドだけでなく回教圏、アラブ諸国などとの連携を主張した。さらに一九二六年に長崎で開催された全アジア会議に参加し、亡命中のフィリピンのアルメティオ・リカルテ将軍、ベトナムの皇太子コォン・デ侯、インドのマハンマド・クルバンガリーなどとの親交を深め、アジア各国からの亡命者の中心的人物となっていった。

タラカナス・ダスは日本と中国とインドが提携して東洋民族連合を作り、欧米諸国の植民地支配や「将《まさ》ニ起ラントスル人種的競争ニ対シ備フル必要アリ」と主張した。上海のセント・ジョン大学教授の舫春宗《ホウシュンシュウ》は日本がヨーロッパの国と同盟を結んでいるが、戦後も同盟を継続できるであろうか。日本がイギリスと同盟しているのは誤りであり、日本はアジアのために行動すべきであると書いた。大川周明も『印度《インド》に於ける国民的運動の現状及び其《その》由来』を出版し、インド人がいかにイギリスの圧政に苦しみ、いかに独立を念願し日本に期待しているか。「新日本の国民は厳然として、此《こ》の森厳雄渾《しんげんゆうこん》なる職責を負わねばならぬ」。「日本一国を以《もっ》て連合する欧州列強と角逐《かくちく》するは、偶々《たまたま》其の滅亡を招く所以《ゆえん》である。されぱとて日本は真に味方を欧州に得ることが出来ぬ。然《しか》りとすれば日本が其の味方を亜細亜に求むるは当然である」と論じた。そして、このような思想や第一次世界大戦中に生じたイギリスのインド人への圧政とインド人への同情が、日中連携のアジア主義からインドや中近東を含む大アジア主義的思想を強めたのであった。

2 日中共同防衛思想の萌芽

蛮狄《ばんてき》小邦と蔑視する日本に日清戦争で敗北し、台湾を領有された中国人は反日感情を高めたが、日本がロシアを破り日本の工業化が進むと、日本に対する視察団や留学生の派遣、艦艇の発注がはじまった。一九〇三年二月には揚子《ようす》江《こう》警備用の江元級砲艦四隻、一九〇四年には浅底砲艦楚秦《そしん》級六隻と水雷艇四隻が川崎造船所に発注され、これら艦艇は一九〇六年から八年にかけて引き渡されるなど、アメリカにおける排日法案などの人種差別問題で日米関係が緊迫すると日中関係は緊密化した。

一九一四年八月に山県有朋《やまがたありとも》は「対支政策意見書」を提出し、将来の人種戦争を予想し中国との連携強化の必要性を説いたが、陸軍部内では二月下旬に陸軍省兵器局長筑紫熊七《つくしくましち》大佐により日本が中国に武器を供給する代わりに、中国は原料を日本に優先的に供給することを骨子とした「帝国中華民国兵器同盟策」を脱稿し、失敗に終わったが具体的交渉を開始していた。次いで第一次世界大戦が勃発すると、八月七日には欧州の禍乱が極東に波及する場合に備え、日中が共同して防衛態勢を整備すべきであると、中国軍の改革と日中両軍の兵器統一を実現しようとの「日支協約要領」が、再び陸軍参謀本部第二部長福田雅太郎《ふくだまさたろう》少将から提出された。

一九一六年一〇月に寺内《てらうち》内閣が成立し袁世凱《えんせいがい》が死去し、親日派の段祺瑞《だんきずい》が首相となると、ロシアの革命勢力が「漸次極東ニ波及セントスル」危機を背景に、日支提携の強化の流れが強まり、特に一九一七年一二月の連合国会議でフェルディナン・フォッシュ元帥が、ドイツの支援を受けたロシアの革命勢力のシベリア方面への進出を阻止すべきであると提案すると、段首相は林董《はやしただす》公使に「日本ト提携スルコト出来レバ『ウラル』以東、西比利亜《シベリア》地方一帯ハ日支両国ニテ自由ニ処分スルコト然程《さほど》難事ニアラザルベシ」などと語り、武器援助を申し出てきた。しかし、日本は複雑な中国情勢や輸出した武器で南方派の孫文《そんぶん》などを攻撃することを危惧《きぐ》し決めかねていた。

しかし、段政権の脆弱性《ぜいじやく》やロシア革命の影響を受け、一九一八年一月の閣議で段内閣を支援し、資金不足からアメリカに頼る事態を阻止しようと、多量の武器と西原《さいばら》借款と呼ばれる多額の借款を与えることになった。このように第一次世界大戦、ロシア革命の勃発、連合国のシベリア出兵が日中を急速に結び付け、一九一八年五月一六日の日華陸軍共同防敵軍事協定、一九日の日華海軍共同防敵軍事協定調印へと進んだ。

さらに、太平洋から日米共通の敵ドイツが消え、アメリカが日本を対象に大規模な海軍軍備の増強を始めると、駐華海軍武官の八《や》角《すみ》三郎《さぶろう》中佐などにより中国海軍を育成強化し、中国と提携してアメリカに対処しようとの動きが生まれた。一九一八年七月にアメリカのベツレヘム製鋼が江南造船所を担保として多額の借款を与えるとの情報（中米海軍借款協約）に、アメリカが「支那沿岸、特ニ上海ノ如キ枢要地点ニ戦時之《これ》ヲ利用シ得ヘキ造船所ヲ其《その》勢力下ニ置クカ如キ」は、戦時に「米ノ軍港ヲ我最短距離ノ地ニ現出セシ得ルト同一影響ヲ来スヘク、実ニ直接累《るい》ヲ我国防ニ及ホス恐アリ」と、日本海軍の危機感を高めた。そして、一九二〇年には川崎造船所の東京支社長岡田《おかだ》晋太《しんた》郎《ろう》が北京に派遣され、借款総額五〇〇万円、年利九分で中国に造船所を造る交渉が成立するかに見えた。だが、日中提携の夢は川崎造船所の経済的破《は》綻《たん》、中国の内戦による混乱や反日運動の高まりなどから実を結ばなかった。

3 総力戦認識と中国資源への着目

短期で終結すると予想された戦争が長期化し、さらにアメリカが参戦し軍需用鉄材を確保するために鉄材などの輸出制限を行うと、日本の工業界、特に造船界は大きな打撃を受けた。雑誌『大日本』には「日本は知識、支那は原料」の「日支軍事工業同盟論」が掲載された。陸軍参謀本部の兵要地誌班では小《こ》磯国昭《いそくにあき》中佐を中心に『帝国国防資源』がまとめられ、「欧州戦ノ与ヘタル国防上ノ戦訓」として、「原料ト云フモノハ成ルベク近イ地区ニ於テ充分ニ得ル方策ヲ確立スルノガ、日本ノ経済政策トシテハ最モ急務デアリマス」。この点で「我々ハ実ニ天与ノ好地位ニ在リマス。対岸ノ支那、西比利亜ト云フ畑ニハ甚ダ近イ」と、大陸資源確保の重要性が強く認識されるに至った。

第一次世界大戦勃発一ヵ月前の一九一四年六月の貴族院予算委員会で、八代六郎《やしろろくろう》海相は「財政状態ノ許ササル今日」、「最小限度ノ国防力トハ他国ヲ侵略スルノ意ヲ有サス、仮想敵ヲ設ケス、単ニ護国ノ任ヲ尽シ得ル力ヲ言フ」としていた。

だが、一九一八年一一月九日のウィルソンの一四ヵ条問題を検討した外交調査会で、加《か》藤友三郎《とうともさぶろう》海相は「帝国ハ所謂《いわゆる》自給自足ノ国ニ在ラス。平時戦時ヲ問ハス物資ヲ海外ニ仰カサルヘカラサルノ実情」にあるので、海洋自由の原則に賛同することを利益とする。しかし、アメリカとの戦争の場合には物資を中国大陸に依存せざるをえないので、「南部支那廈門《アモイ》付近ヨリ台湾南端ニ亙《わた》リ一線ヲ劃《かく》シ」、この線より台湾・琉球諸島を経て九州南端に至る線内の海面の「海上権ヲ確立スルヲ得ハ、支那大陸ト連絡ヲ維持スルヲ得テ戦略物資ノ持久可能ナルベシ」と、海軍は総力戦認識や中国大陸への日本企業の進出増加、日米対立の顕在化などにより、国防の範囲を単に「護国ノ任」の日本周辺海域から、「妙《すくな》クモ東亜海面ノ管制」へと拡大した。

その後、一九二九年に軍令部長が加藤寛治《かとうかんじ》大将になると、アメリカが「『モンロー』主義及支那ニ於ケル門戸開放主義」を「国策中最モ重要ナルモノ」とし、また、アメリカが「現状ノ如キ法外ナル繁栄ヲ持続セントセバ、世界ニ向テ大々的ニ市場ト資源トヲ求メサルベカラズ」。アメリカは国策擁護を任務とするマハン流の「攻勢的海軍」を整備しつつあり、「支那市場ヲ開拓センガ為ニハ手段ノ如何《いかん》ヲ選バザル」傾向にある現状に鑑《かんが》み、日本の大陸政策は重大な脅威にさらされている。「日米海軍の争覇戦」の真の原因は、「支那ノ資源ト市場」をめぐる「経済戦」である。

日米海軍軍縮問題も、シンガポール軍備増強問題も、ハワイの軍事施設の増強も、アメリカの「赤裸々の心理を解剖しますれば、悉《ことごと》く日本の死活問題に関する極東一帯の支配権、とりわけ対中帝国主義の争覇戦の利を先制せんとするの準備に外ならぬ」。「太平洋を知らずして支那を論ずること能《あた》わず。支那を知らずして太平洋上に日米海軍競争の起きる所以《ゆえん》を理解すること能わず」と、中国問題は日米問題であると強く主張するに至った。このように日米関係の悪化と海軍の総力戦認識の高まりが、日中共同の相互防衛協力と自給自足体制へと進み、それまで陸軍の北進、海軍の南進であった日本の針路を南北並進に変えた。

4　中国共産党の創設とコミンテルン

一九一七年一〇月にロシア革命が成功し、新しく誕生した革命政府が西欧帝国主義打倒や植民地の解放などを声明し、ハンガリーやドイツなどで革命が起こると、中国でも共産主義への関心が高まった。一九一八年四月には毛沢東《もうたくとう》が湖南《こなん》にロシア研究会、北京大学教授の李大釗《りたいしょう》が「ボルシュヴィズムの勝利」を発表、その年の一二月には北京大学にマルクス学説研究会、陳独秀《ちんどくしゅう》が上海にマルクス主義研究会を組織した。五・四運動が起きた一九一九年五月には、『新青年』がマルクス主義の特集号を出した。

一方、当時のアメリカ人、特にウッドロウ・T・ウィルソン大統領は共産主義を民主主義の一変形と誤解したのではないか。ウィルソン大統領が一九一八年一月一八日に「平和一四ヵ条」を発表したが、この「平和一四ヵ条」の条文には、①秘密外交の廃止、②植民地住民と当該政府双方の利害関係の公平な調整、③民族自決、④少数民族の保護と自治の付与、⑤ポーランドなどの東欧諸国の独立など、レーニンが提案した項目がかなり流用されている。議会演説では「ロシア代表は真摯《しんし》であり誠実である。ロシア代表が征服と覇権の提案を認めることはないだろう」。「ロシア代表は大変賢明また公正にも、ドイツ・オーストリアとトルコとの会議をオープンにすることを主張した。その結果全世界はその観衆となることができた。われわれは誰の話を聞くべきなのか。ロシア人は敗北し絶望的でドイツの恐怖の軍事力に直面しているが、ロシア人の魂は屈従的ではない。ロシア人は正義を受け入れることができる名誉と人道性を明確にしている」。「ロシアの自由と秩序ある平和をとりもどすために、我々が光栄にもロシア人を助力できれば、それは我々の希望するところである」。「平和の過程が開始のときから、公開され秘密交渉を排除することは我々の願いでもあるし目的である。征服と侵略のときは過ぎ去った。また特定政府の利益となる秘密議定、そして発覚後の混乱のときも過ぎ去った」とレーニンの和平提案を高く評価し、革命政権に強い支持を示していた。

一方、ハンガリーやドイツへの「革命の輸出」が失敗したコミンテルンが、次の輸出市場として最も注目したのが、軍閥が割拠し国内が四分五裂の中国であった。一九一八年七月にはソ連外務人民委員（外相）ゲオルギー・チチェリンが「ロシアがツアー時代に中国から奪った特権を放棄する」に引き続き、一九一九年七月二五日にレフ・カラハン代理外務人民委員が「対華宣言（第一次カラハン宣言、第二次は一九二〇年七月）」を発し、「われわれは東方の、まず中国の隷属化された諸民族を抑圧している外国の銃剣の束縛から、外国の黄金の束縛から、諸民族を解放するものである」と呼びかけ、中東鉄道の無償返還や領事裁判権の放棄などを声明した（その後、撤回）。

一九二〇年にはコミンテルン東方部長のP・H・ヴォイチンスキーがザルヒンの偽名で中国を訪れ、北京で李大釗に、上海で陳独秀に会い各地に共産主義の組織を誕生させた。一九二一年一月にはイルクーツクにコミンテルン執行委員会極東書記局を設置した。六月には民族植民地担当書記ヘンドリック・マリーン（デンマーク人）を派遣し、七月には陳独秀に上海のフランス租界で第一回中国共産党全国大会を開催させ、中国は「ロシア共産党をモデルとし、レーニンの理論に則《のっと》って党の設立を進める」との綱領を決定させた。この会議には毛沢東を含め一三名がコミンテルンの旅費で参加したが、その当時の党員は五〇名余であった。

このように弱体な中国共産党では要求に応《こた》えられないと見たコミンテルンは、共産党員を国民党に入党させ、国民党を内部から急進的な社会主義政党に改党しようと計画し、一九二二年三月にグリーンが孫文《そんぶん》の同意を得ると、一〇月にはミハエル・M・ボロジンを国民党の政治顧問として派遣し、一九二三年一月には外交官のアドロフ・ヨッフェと「ソ連は中国国民党が中国を統一する大事業に対し、熱烈な共感を持って援助する」との孫文ヨッフェ協定を締結し、三月にはソ連共産党中央委員会政治局は、孫文への二〇〇万メキシコ・ドルの資金供与と政治顧問と軍事顧問の派遣を決し、「中国西部に統一軍単位の革命軍の基盤」を形成するという決定を行った。

翌一九二四年一月の中国国民党第一回全国代表大会で、ソ連と連携し共産党員を国民党に入党させる「連俄容共《れんがようきょう》」方針を決議した。この決議には「プロレタリア革命ノ準備ニ参加スベカラザル旨ノ条件」が付けられていたが、共産党員は水面下で活動し一九二四年初期には党員を二〇〇〇名、同調者を六万人に増加させていた。

国民党と共産党を合体させたソ連は、あらゆる手段を使って国民党内部に共産主義者を送り込み、蔣介石《しょうかいせき》らの国民党右翼の影響力を排除していった。ソ連はモスクワに孫文の名前を付けた中国人専門の孫文中国労働者大学（通称・中山大学《ちゅうざん》）や、スターリン東方労働者共産主義大学（通称・東方大学《とうほう》）などを創設し、一九二八年以降、毎年四〇〇名から五〇〇名の若者に思想教育をして送り返していた。

また、赤軍陸軍大学校、歩兵士官学校、高級空軍学校などで毎年二〇〇名から三〇〇名の軍人が教育を受け共産主義者になって帰国した。そして、これらの留学生がコミンテルンから派遣された顧問たちの指導のもとに、精力的に労働者や農民を洗脳し組織し、国民党を左傾化して蔣介石の影響力を低下させていった。

これらのコミンテルンの策動について、マルクス・レーニン研究所発行の『コミンテルンと東方』には「ソビエト政治顧問の粘り強い論議の中で、国民党の反帝国主義綱領が生まれた」。「一九二五―一九二七年の中国革命は、民族解放運動に対するコミンテルンの最も重要なあらゆる戦略的・戦術的方針……が実現された」と、コミンテルンが大きな役割を果たしたと記している。

5　日英同盟解消に動く中国

中国は国際連盟が誕生したのに日英両国が軍事同盟を締結しているのは、連盟規約に抵触するのではないかと日英同盟の解消へと動いた。一九二〇年五月には董顕光《とうけんこう》が『ミラード』誌に、日英同盟は日露戦争以後絶えず、中国に対する侵略を行ってきたイギリスと日本の同盟であり、日英同盟の更新は国際連盟憲章に違反し、さらに日英同盟の継続は日米戦争を誘致するものであるとの論説を投稿した。また、一九二〇年四月に開催された国務会議（国会）では、日英同盟継続反対決議を行い次の声明を発表した。

　日英同盟の問題は極東一般、特に中国の運命に基本的関係があり、中国国民は深甚なる注意と多大な疑念をもって同盟の改訂を監視している。今次大戦の結果として諸国民の機会均等は益々《ますます》有力なものとなりつつある。しかるに日英同盟条約は中国の領土及びその保障に関する事項を包括している。中国の参加を排除してこのような決定をするのは、明らかに中国国民の威信と名誉を損なうものである。中国政府および中国国民は日英同盟の改訂に際して、依然として同一事項が包括されるのは断じて忍び得ないものである。

続いて五月一五日には「日英同盟の更新に際して、従来のごとく日英同盟の条文中に引き続き『中国』とか、『中国の保全』というが如き文面を包含せしめんとすれば、実に独立国の名誉および威信に対する侮辱であり、中国政府および国民は抗議を行わずして、本問題を通過せしめることはできない」との声明を出した。さらに、六月一〇日には孫文が

『ノース・チャイナ・ヘラルド』の記者に、「余は日英同盟の更新には絶対反対である。何となれば日英同盟は中国に有害だからである。日本が侵略政策を採りつつあるのに、英国はなぜ日本を支持するのか。全中国人は日本に反発している。もし日英同盟が更新されるならば、われわれは日本と同じように反英運動を展開するであろう」と語った。

国際連盟規約改正委員の王寵恵《おうちょうけい》は、一九二九年秋に訪欧の途次バンクーバーで、日英同盟がイギリスとの戦争に結びつく危険性をカナダ国民に次のように訴えた。

現在の中国は三つの恐るべき敵を持っている。国際連盟規約第二一条と日英同盟と石井《いしい》・ランシング協定である。これらの協定は、その解釈上から中国の保全に対する直接の挑戦であるのみならず、連盟自身を破壊するものである。何となれば、この規定によって連盟各国は自国の利益のために、連盟加入国である隣国の領土及び領水を搾取することを許すからである。中でも日英同盟は太平洋における戦争を誘発する恐れがある。もし、戦争が起きたならば、中国はアメリカとともに日本及びイギリスに敵対することになろう。中国はこれらの問題に決着を付けたいと考えている。それは、もし現状の儘《まま》に推移するならば、中国の進歩と平和が脅威にさらされることを十分に承知しているからである。

このように、中国は同盟の存続で揺れているカナダで、日英同盟の解消を訴えるなど、その対応は「孫子《そんし》の兵法」を地で行く巧妙なものであった。また、中国の日英同盟反対を受けた在中国イギリス企業は、かねてから日本の中国進出に反感を抱いていたこともあり、日英同盟が中国における日本の発展を保障し、その結果としてイギリスの勢力が衰えているのに、イギリスは日英同盟に縛られて断固たる態度をとれないとの見解が支配的であった。

このため日英同盟改訂が迫った一九二〇年四月に、天津《てんしん》所在の商工会議所が全中国所在のイギリス人商工会議所を代表して、「日英同盟の目的は国際連盟規約によって保障されたので、我々は日英同盟の更新を必要とするとはしない」との、日英同盟継続反対の陳情書を外務大臣に送付した。

6　孫文に騙された日本

孫文は一九一二年一月一日に南京に中華民国臨時政府を樹立し、ここにアジア最初の共和制の中華民国が誕生した。しかし、革命派内部に内乱の早期収拾と袁世凱《えんせいがい》との協力を主張する勢力が勢いを増したこともあり、孫文は清《しん》帝の退位を代償に袁世凱を臨時大総統とすることで妥協した。日本を始め英米は内乱が長期化・急進化するのを懸念し、実力者の袁世凱による事態の収拾に動き、袁世凱は日英仏独露などから二五〇〇万ポンドの借款契約を締結、国民党系の都監を罷免するなど独裁体制を強めると、孫文は反袁世凱勢力を集め一九一三年七月に再び蜂起したが、袁世凱の強力な軍事力の前に敗北し、再び日本に亡命してきた。

政府は袁世凱政権を承認しており、孫文の亡命を拒否しようとしたが、犬養毅や頭山満が動き孫文を庇護《ひご》し、第三革命が成功する一九一六年六月まで日本に滞在した。この間、孫文は大隈重信《おおくましげのぶ》首相に中国市場を開放し、日本からの輸入を無税にするとか、対華二十一カ条の要求にも「日支両国ノ親善ヲ計ル上ニ於テ妥当ノ措置ナリト信ズ」などと述べ、軍資金を得るために漢冶萍公司《かんやひょうこんす》の日中合弁を提案したり、渋沢栄一《しぶさわえいいち》や大倉喜八郎《おおくらきはちろう》などに武器購入や軍資金の提供を申し出たがいずれも成功しなかった。

一九一六年六月に袁世凱の死により段祺瑞政府が誕生すると、孫文は一九一七年九月には広東に南西軍閥の力を借りて護法軍政府を組織したが、再び敗れるとヨーロッパ経由アメリカに亡命したが、一九二一年五月には再び軍閥の力を借りて広東に臨時政府を樹立した。

そして、一九二四年一一月に孫文は神戸で日露戦争を「アジア民族のヨーロッパ人に対する最初の勝利」だと高く評価し、次いで「日本は既に欧米の覇道の文化に到達したが、亜細亜王道の本質をも有している」とアジア文明が西欧文明より優れていることを述べ、日本が「西方覇道の猟犬」となるか、「東方王道の干城」となるかは日本自身が決すべき問題であると演説した。だが、一九二三年一〇月にはコミンテルンからミハエル・M・ボロジンを国民党の政治顧問に迎え、神戸の演説の一〇カ月前の一九二四年一月の国民党第一回全国代表者会議で、ソ連と連携する「連俄容共」方針と、共産党員の国民党への入党を認める決議を採択していた。

また、孫文は辛亥《しんがい》革命までは革命のスローガンを「駆除韃虜《だつりょ》、回復中華」と韃虜（元来はモンゴル族であるが、この場合は清朝の支配者の女眞族＝満州族）の清朝を打倒し、中国人の独立を回復することであった。しかし、清朝が一九一一年秋に辛亥革命で倒され、翌正月に中華民国が樹立され孫文が臨時大総統となると、「漢満蒙回蔵の諸地を合して一国、漢満蒙回蔵の諸族を合して一民」のごとくすると演説した。中国人が支配していた明《みん》の領土は現在の四分の一程度、それを他民族である満州族、チベット族、モンゴル族などが支配していた領土に拡大したのであり、現在の中国の領土問題の根源は孫文にあるとも言えるのではないか。

また、孫文の行動を詳細に見てみると矛盾がある。孫文の革命は国内的には哥老《かろう》会や三合会などの秘密結社や広東軍閥の陳炯明《ちんけいめい》、雲南《うんなん》軍閥の唐継堯《とうけいぎょう》、広西《こうせい》の陸栄廷《りくえいてい》などの軍閥を利用し、国際的には一八九四年の広州《こうしゅう》蜂起から死亡するまでは犬養毅や頭山満の援助を受け、孫文を中山陵《ちゅうざんりょう》に埋葬するときには犬養や頭山が国賓として迎えられ、二人は蔣介石と並んで廟《びょう》の棺《ひつぎ》側に立つなど日本の援助を評価していた。

しかし、孫文は一九〇九年には反日論『無知の勇気（日米必戦論）』の著者ホーマー・リーを参謀長とし、版権を譲られアメリカで革命軍を編成するなど、アメリカを利用した。

このように孫文の対応は理念や理想ではなく、中国人特有の「夷《い》を以《もっ》て夷を制す」の諸外国を巧妙に利用する「遠交近攻」「他力本願」であり、『三国志』や『水滸伝』以来の中国伝統の「合従連衡」の権謀術数の騙《だま》し合いの革命であった。それだからこそ孫文は日本の援助で中華民国を、ソ連の援助で中華人民共和国を建国し、現在では政治制度が全く異なる台湾の中華民国からも、大陸の中華人民共和国からも建国の父と仰がれているのではないか。

一方、日本の孫文への援助は初期の志士と呼ばれたアジア主義者たちは、中国の国家統一や孫文の三民主義に共鳴したものであったが、中期を過ぎると在華権益の維持獲得などを図ろうとする打算に変わっていった。これらの中にあって梅屋彦吉《うめやひこきち》は最初の革命の時にピストル六〇〇丁を提供して以来、中国同盟会の事務所（有楽町《ゆうらくちょう》）や『民報』の発行資金を提供し、さらに孫文と宋慶齢《そうけいれい》の仲人をするなど公私ともに孫文を支援した。なお、孫文の妻の宋慶齢は同志の集まりには、ピアノを演奏して楽しませたというが、そのピアノは現在も日比谷公園内の松本楼の玄関ホールに飾られている。

7　アジア主義から大アジア主義へ

日本と回教徒とを連携させたのが、日露戦争の勝利であり満州国《まんしゅう》の建国であった。シベリア鉄道の敷設や運営に、また利益を求めて中東やロシア南部から回教徒が移住してきたが、ロシア革命後は自由を求める有識者も増え、日本と協力しようとする回教徒が満州には増えていった。

大アジア主義（興亜主義）運動を前進させたのはアブデュルレシト・イブラヒムであった。イブラヒムはウラル山脈の東の寒村で生まれたロシアのイスラム教徒の中心的活動家で、日露戦争四年後の一九〇九年二月から六月まで来日し、伊藤博文《いとうひろぶみ》、大隈重信らの要人と面談した。特に國民新聞社の徳富蘇峰《とくとみそほう》には「日露戦争が始まるとすべての回教徒は何の関わりもない日本人の勝利を祈りました。同時にタタール人の間には一種の親愛の情がわき起こり、旅順港《りよじゆん》の歌や詩を口ずさんだのです」。「我々の目的は日本にイスラム教を広めるとともに、東洋の覚醒《かくせい》と統一をはかり、これによって東洋を外国の侵略から防衛するために尽力することです。野蛮なキリスト教徒たちは文明というカーテンに隠れながら、自分たちの浪費や婦人の化粧代のために東洋市場のすべてを犠牲にし、自分たちの生活さえ確保できればとの考えから、東洋のあらゆる民族の安寧《あんねい》と精神に危害を加えています。東洋の生命をこの残酷な侵略者の攻撃から救う手立てを考え、この道に力を尽くすことは、人間のもっとも神聖な使命と言わねばなりません」と日本への布教だけでなく、欧米列強のアジア進出に対して日本と協力して、欧米の物質至上主義文明に精神的な東洋文明で対抗しようと訴えた。

マハンマド・アブデュルハイ・クルバンアリーは帝政ロシアの裕福な家に生まれ、内戦では宗教を否定するグレゴリー・セミョーノフらとともに反ボルシェヴィキ側につき、敗れるとチタに逃れ日本軍に保護を求めて一九二四年に来日した。松岡洋右《まつおかようすけ》、北一輝《きたいっき》、犬養毅、後藤新平《ごとうしんぺい》、平沼騏一郎《ひらぬまきいちろう》、頭山満、陸軍参謀本部などの援助を得て回教学校を開校し、タタール語の雑誌『ヤニー・ヤポン・モフビリー（新日本通信）』を発行するなど、東京回教団長として代々木《よよぎ》の回教礼拝堂建設などに奔走した。ハラジャ（王族）・マヘンドラ・プラタップはインドの王族の出身であったが、アフガニスタンに逃れアフガニスタンの国籍を取りアフガニスタン王の顧問を務め、第一次世界大戦ではインド独立運動を起こしたが果たせず、第一次大戦後にアメリカを経由し一九二一年末に来日した。プラタップの歓迎会を開いたのが猶存社《ゆうぞんしゃ》で、この会には大川周明、満川亀太郎《みつかわかめたろう》、安岡正篤《やすおかまさひろ》らのアジア主義者や、ビハーリー・ボース、クルバンアリーらが参加した。

エジプトの軍人で桜井忠温《さくらいただよし》の『肉弾』を『日本精神』としてアラビア語で出版したアフマド・ファドリーは一九〇四年に来日し、講演会や執筆などでめざましい活躍をしたが、一九一〇年には『イスラーム同胞愛』を発行、この雑誌はトルコ、アフガニスタン、東トルキスタン、インドなどで販売された。

第一次世界大戦が始まりドイツがインドに騒乱を起こそうと、ガダル党（独立派）などに資金を援助し、宣伝文書や武器をインドに送り込んでいたが、このドイツの陰謀に、日本はベトナム戦争中にアメリカの脱走兵を「べ平連」が匿《かくま》い脱走を援助したように、ある者は意義を感じ、ある者は利益のために協力した。インド人への同情とパリ講和会議で人種平等法案が否決され、さらに一九二四年に排日移民法案がアメリカ議会を通過すると、国内には「アジアとの同盟で米英の白禍に対処すべし」との考えが生まれ高まっていった。

一九二六年には全アジア協会とアジア民族大同盟が誕生した。ビハーリー・ボースとともに亡命してきたマヘンドラ・グプタは、大川周明らの支援によりアメリカに亡命したが、その後、再び来日しボースや京都大学に留学したA・M・ナイル、S・N・センらと協力してインド独立同盟を設立した。しかし、一九二七年には再びイギリスの抗議により日本から追放されると上海に逃れ、上海にインド独立連盟を新設し運動を継続した。その後に満州事変が起きると、トルコ系の回教徒のマヘンドラ・プラタップなどと満州に移り、汎アジア主義から五族協和運動に協力したといわれているが活動の詳細は明らかでない。一九三三年にはアジアモンロー主義をバックに大アジア協会が誕生した。

一九三八年には大阪の清交会でビハーリー・ボースが「アジアや中国の権益の支配にインド兵、インド人警官などが参加しており、上海では五〇〇〇人のインド人が住んでいるが、そのうち三〇〇〇人がインド人警察官である。支那事変にもインド兵が二個連隊派遣されている。……英領各地はインド兵で守られている。全アジアを解放するにはまず、その心臓部のインドを解放せねばならない」とイギリスがアジアの共通の敵であると演説し、主敵が蔣介石を支援しているイギリスに変化した。そして、この動きが日英戦争を聖戦として日英戦争を不可避とし、それが「八紘一宇《はっこう》」の大東亜共栄圏となり、大東亜戦争を聖戦化し世界を相手に戦ってしまったのであった。なお、グプタには三男二女があり男子三人は兵役につき生還したが、長女は満州開拓団員と結婚したため終戦時に現地で死亡した。また、ボースは一男一女、長男は沖縄で戦死している。

第9章　離反する日英両国

1　イギリスの不満と不信

イギリスにとり日本は、太平洋やインド洋の海上交通の安全を総《すべ》て依頼する不可欠な同盟国であった。しかし、日本には多くの親独派がおり反英世論が強く、協力要請には応ぜず、応ずる場合には必ず代償を要求する日本の対応にイギリスでは強い不満と不信が溢《あふ》れていた。その不満を駐日イギリス海軍武官のエドワード・H・ライマー大佐は、一九一八年三月一一日に「日本の現状」という文書で次のように報告していた。

日本の政治家は日英同盟が日本外交の〝Keystone〟などと常に公言しているが、この戦争に対する日本の原則は、第一に最大の経済的利益を追求することであり、次いで戦後の国際関係を考慮し、ドイツに強い反日感情が起こらないよう連合国への援助を控え目とすることであり、日本の行動は総てこの二つの原則に支配されている。日本の親独感情は目に余るものがあるが、これは日本の指導的な学者・医者・法律家などがドイツに学び、さらに日本陸軍がドイツ陸軍をモデルとしているからである。特にドイツの敗北はドイツ方式を採っている日本陸軍の評価を低下させるため、陸軍には不快感をもって迎えられている。

なぜ日本人はドイツ式の習慣や方法を採用しているのであろうか。それは日本人がドイツ式を採用する方が、金を儲《もう》けるのに一番都合が良いと考えているからである。したがって、日本人が親独的であると考えるのは間違いで、いかなる日本人も絶対的親日家―自国のことしか考えないエゴイストで、他国のために自己を犠牲にするなどという感情は全く持っていない。

一例を上げるならば、大失敗に終わった同情使節団（Mission of Sympathy）の募金問題がある。これは連合国の不満を緩和するために使節団を送ることとし、資金を集めることから始められた。だが、大変な不人気で二〇万ポンドしか集まらなかった。しかも、急速に富を得た船成金や糸成金などの成金は一夜に一〇ポンドもする芸者との酒宴や、いかがわしい酒場で金を使っているのに、その募金の三分の一が皇室と三井、三菱などの大会社からであった。

また、日本が連合国の船舶提供要請に応じないのは、船舶を提供すれば貿易が損なわれ、利益を最大限に追求するという日本の第一の原則に反するからである。日本人に日本が東洋の未開国ではなく、西欧の一国として多くの責任があることを示しても日本人は興味を示さない。

われわれが強い態度で状況を明確に説明し、イギリスが過去いかに日本を援助したか、同盟国として何をなすべきかを明確に説明し、同盟国としての義務に耐えるべきであると強く示唆すると、日本人はわれわれから離れてしまう。そして、イギリスが援助を哀願し、へつらい譲歩すると、賢い者はうまくやったと秘《ひそ》かに得意になり、無知な者は単に自信を増加させ要求をエスカレートさせるだけである。

しかもイギリスが差し迫った海軍援助、船舶の提供、敵国との貿易禁止を真剣に要求しているのに、日本の新聞は日本がいかに連合国に援助を与えているか（実際は与えもしてない）を書き立てるのである。日本は金に酔い太平洋のリーダーという夢に目が眩《くら》んでいる。

一方、イギリス参謀本部から外務省や政府各部には、不満あふれる「中国とインドにおける日本の活動」という次に示す情報要約を配布し、外務省は日本政府に強く抗議すべきであると要望していた。

日本は開戦後に青島《チンタオ》を占領し山東《さんとう》半島に進出、対華二十一カ条の要求を中国に強制して利権を確保し、中国を対独戦争に参加させることを拒み続け、さらに袁世凱《えんせいがい》の帝政運動を妨害してイギリスの立場を失わせた。

日本はドイツ人の中国からの追放と引き換えに、日本人を配置し影響力を強めようとしている。一方、日本ではインド人を扇動する文書が多量に印刷され、日本船によってインドに運ばれている。また、ドイツの資金で中国からインドへ武器を送る計画があったが、この計画に日本人や日本の船舶会社が関係しており、信頼すべき情報によれば、ドイツの援助がなくとも日本の援助だけで、近い将来にインドで決定的な反乱が生起すると伝えられている。

インドの革命派の「巨悪な人物」を日本は友好的に受け入れ、イギリスの抗議や国外追放要求に対しても、日本政府の対応は消極的で非協力的である。これは日本国内の政治情勢や世論にもよるが、日本政府の臨検は不十分であり、ドイツの工作員やインド革命党員が日本船に乗ることを拒否せず、国内においても行動の自由を認めるなど、日本は疑いもなくドイツのインド騒乱工作の中心地である。

一方、ドイツは日本人にアメリカやイギリスが日本の太平洋への進出を好まず、この観点から将来は日英同盟より日独同盟が望ましいと働きかけ日英分断に努めている。日本政府は日英同盟が日本外交の“Key Stone”であると常に公言はしているが、日本は疑いもなくドイツ方式を賛美し、ドイツとの貿易を禁止せず、ドイツ人捕虜や在留ドイツ人を寛大に扱っている。これが日本に対する起訴事実である。外務省は強い抗議を日本政府に発すべきである。

2　オーストラリアの反日動向

オーストラリアとイギリス本土、オーストラリアとヨーロッパ派遣軍とを結ぶ海上交通の安全は日本海軍の双肩にかかっていた。しかし、日豪・日ニュージーランド間には種々の摩擦、対立、誤解、そして反感が生じていた。

第三特務艦隊司令官山路《やまじ》一善《かずよし》少将はオーストラリアの新聞が、アメリカの活動については再三報道するのに、日本の活動については「過去ノ歴史ニ属スルモノスラ軍機保護ニ藉《しゃ》口《こう》シテ一切之《これ》ヲ新聞ニ掲載セシメス。努メテ之ヲ抹殺セントスルカ如キ傾向」があり、オーストラリア警備作戦の状況を説明したシドニー・タウンホールにおける大正天皇誕生祝賀会の山路司令官の挨拶は、シドニー総領事清水精三郎の二回にわたるヒューズ首相への文書による掲載要求により、初めて新聞に掲載される実状であった。

そのうえ、日本海軍に大きな衝撃を与えたのは、一九一七年一一月二〇日に発生したフリーマントル入港中の矢《や》矧《はぎ》砲撃事件であった。発射弾数は一発ではあったが、フリーマントル陸上砲台から発射された砲弾は、矢矧の煙突を越え右舷約三〇〇メートルに落下した。

翌二一日に西オーストラリア地区司令官クレア大佐から、実弾を発射したのは「規定ノ信号ヲ掲揚セスシテ入港セントスル水先人ニ対シ、単ニ注意ヲ喚起スル為ニ採リタル手段ニ過キス」との弁明があった。前日に電報で入港を通知し、パイロットを乗艦させていたにも拘《かか》わらず、実弾が発射された事態を重視した山路司令官の指示を受けた矢矧艦長は、二四日には現地での交渉を中止し、直接オーストラリアの海軍最高指揮官宛に事件の説明を求める文書を送付した。

これに対し二五日には徴兵問題でフリーマントルを訪問中のロナルド・M・ファーガソ

ン総督が個人的に陳謝し、二八日には海軍委員会議長から「豪州連邦政府ノ為ニ深ク遺憾トス」との、また海軍総司令官からは「本件ノ発生ヲ深ク遺憾トシ、此《この》種事件ヲ再発セシメサルヘキ」旨の謝罪電報や、パイロットの資格剝奪《はくだつ》なども あり事件は一応収拾された。

オーストラリアは反日的動向が表面化すると日本政府から直ちに抗議され、戦争の遂行に悪影響を生じるので、反日的行動を抑止するよう本国政府から指示されていたにもかかわらず、日英通商航海条約への加入を拒否し、反日政策や人種差別政策を改めようとはしなかった。このようなオーストラリアの態度に、日本でも不満を高め国会では「豪州及南洋ノ排日除去ニ関スル建議」が決議されていた。

3　協力要請に必ず代償を求めた日本

日本はイギリスの要請には必ず代償を求めた。ドイツ東洋戦隊の捜索・撃滅を依頼されると南洋群島を占領し、占領直後の一九一四年一一月二七日には、加藤高明《かとうたかあき》外相が国民一般は「日本ノ行動ニ対スル相応ノ分前ヲ期望シ居レハ、若《も》シ万一戦後反対ノ結果トモナラハ到底《とうてい》非常ナル物議ヲ来スヲ免レサルヘシ。此事ハ十分了解シ居ラレンコトヲ望ム」と申し出た。

グレー外相から領土問題は戦後に決すると問題を回避されると、一九一五年九月の日英仏露などの参戦国はドイツとの単独講和には応じないという、単独不講和宣言加入に際し加藤外相に代わった本野《もとの》一郎《いちろう》外相から、山東《さんとう》半島を中国に返還することをすでに声明しているので、南洋群島が今次大戦の「唯一ノ記念」であり、「万一之ヲ手放サザルコトトモナラハ、与論ノ興奮ハ案外ノ程度ニ達スルコトナカラント虞《おそ》レ居ルノ事情ハ、篤《とく》ト御含置キアリタシ」と再び申し出た。

しかし、それでも認められないと、第二特務艦隊の地中海派遣交渉で前内閣が海軍の活動範囲を制限してきた「行懸上《ゆきがかりじょう》、現内閣ガ此ノ決定ヲ翻《くつがえ》スニハ有力ナル根拠アルヲ要ス」と、講和会議で南洋群島の日本領有要求を支持することをついに認めさせた。また、一九一六年二月にインド洋へ巡洋艦、マラッカ海峡へ駆逐隊の派遣要請を受けると、マレー半島における日本人医師の診療活動の制限撤廃と、オーストラリア・ニュージーランドの日英通商航海条約への加入を、さらに地中海への駆逐艦の増派要請には代替駆逐艦建造用の鉄鋼と特殊機材の輸出を申し出た。

一九一六年六月にパリで連合国経済会議を開催し、ドイツに対する経済封鎖を開始することになると、経済界や言論界は「国情と利害とを異にする列国を駆りて、一律の下に束縛せんとするが如きは没常識の極なり」、「一朝の戦時感情を存続して永久に一国の事情と利害とを犠牲に供するが如き、殆《ほとん》ど望み得るべからざるものあり、到底行ふべからざるは明にして、大体無意義無効に終わるべきは凡《おおよ》そ想像するに余あり」と批判した。

このような経済界や世論の反対を受け、会議に出席した日本代表は、政府から「成ルべク将来経済上ノ活動」を束縛されないよう「慎重ニ当ラルル様致度《よういたした》シ」と指示され、「一、二ヲ除クノ外毎条毎項保留」条項を付けたため、「列国ノ委員ヲシテ帝国ノ誠意ヲ疑ハシムルニ至リ」、「日本ガ戦争ニ熱心デナイ」、日本は「誠意ニ欠ケル」との不信感を与えてしまった。

しかも、会議の決議に対する承認も、開催国フランスの重なる催促にもかかわらず、閣議承認は会議終了半年後、さらに実行をともなう「対敵取引禁止令」が公布されたのは会議開催一〇カ月後の一九一七年四月、その承認も「特殊ノ国情」があるので、施行に当って「例外ヲ設ケルコトヲ妨ケサルベシ」との保留条項を付けての承認であった。

大戦中のこのような日本の対応に対するイギリスの公式な不満の集成を示すならば、大戦終結一年前の一九一七年三月に開かれた大英帝国会議で配布された、次に示す「日英関係に関する覚書」ではないであろうか。

日本人は狂信的な愛国心、国家的侵略性、個人的残忍性、基本的に偽りに満ちており、日本は本質的に侵略的な国家である。日本は自分の将来に偉大な政治的未来があると信じている。……すべての日本人は侵略的な愛国心、近隣の黄色人種、褐色人種よりも優れているとの優越思想を、生まれた時から教えられてきた。そして、近隣諸国に日本独自の文化を押し付けることを道義的義務と考えている。この日本の侵略的な野望とイギリスの適正な要求とを調和する余地があるであろうか。道義的に日英はあまりにもかけ離れている。

このように、イギリスの理想と日本の野望が異なる以上、両国の間に共通の基盤を確立することは不可能である。日本の教育や商業、組織や規律もドイツ式であり、このため日本人の性格も自然にドイツ的になっている。日本が東洋のプロシャになるというのは決して誇張ではない。日本は膨張しなければならないといわれている。確かにそのとおりである。しかし、なぜ日本は既に手中に入れた朝鮮・台湾・満州《まんしゅう》・樺太《からふと》・蒙古などに発展しないのであろうか。日本の膨張する人口をこれらの地方で処理できるのではないか。

資源の面から考えれば、日本の政治目的は大英帝国の部分的消滅を伴うものであり、日英間に協力すべき共通の目的は存在しない。この日本の野望をわれわれが容認できないとすれば、日本の野望を武力で阻止する時がくることを決意しなければならないであろう。日英同盟は虚無の基盤の上に存在しているに過ぎない。

遅かれ早かれ、わが国は日本が拡張を制限し信頼され、世界に名誉ある中庸を得た国家として行動するのか、あるいは基本的には日本を東洋のプロシャとして対応しなければならないのかを決断しなければならないであろう。戦後の日英関係をいかにすべきであろうか。われわれは日本の活動範囲に厳密な枠をはめるべきであろうか。あるいは日本に定められた範囲の自由を許すべきであろうか。いずれにせよ、この同盟は人種的にも文化的にも異なる二つの国がもろい紙の上に書いた条項を綴《と》じ合わせたものに過ぎない。

大戦中の四年間を駐日大使として過ごしたウイリアム・C・グリーン大使は友人に、

「戦争が勃発《ぼっぱつ》しわれわれが手一杯の時に、わが同盟国にいかに失望したかを語る必要はないであろう」、任期中に加藤高明、本野一郎、後藤新平《ごとうしんぺい》、石井《いしい》菊次郎《きくじろう》の四人の外務大臣に接したが、イギリスの協力要請に対する対応は常に同一態度、すなわち、直ちに拒否するか、後程回答すると述べて拒否するか、未《いま》だ考慮中と述べて時間切れを待って拒否するかの何れかであったとの手紙を書いていた。また、本国では外務次官のニコルソンが「私は日英同盟を全然信用していない。日本は最小のリスクと負担で最大の利益を引き出そうとしている」と側近に語っていた。

一方、ベルサイユ講和会議に参加した若き近衛文麿《このえふみまろ》は、「米国人の視界がかくの如く世界的なるに反し、日本人の視界が今尚《なお》狭小《きょうしょう》にして僅《わずか》に極東の一部に限られ居るは吾人《ごじん》の甚遺憾とする所なり。即《すなわ》ち、我国民は支那問題等自国に直接利害関係ある場合には非常の熱心を以《もっ》て騒ぎ立つるも、東洋以外の事となれば我不関の態度を採る傾きなしとせず。現に今度の会議に関係せるある外国人は日本人を評して、彼等は利己一点張の国民なり、世界と共に憂いを頒《わか》つべき熱心も、親切もなき国民なりと申したり」と記している。

また、海軍の良識派といわれた堀悌吉《ほりていきち》少将は、日本がベルサイユ講和会議以後「事毎《ことごと》ニ世界思想ノ主潮カラ放リ出サレル屈辱ト孤立的不利」をもたらし、太平洋戦争に至ってしまった理由を、第一次世界大戦にイギリスの同盟国として参戦したにもかかわらず、同盟国の戦争に非協力であり、さらに対華二十一カ条の要求など「列国ノ留守中ニ東洋ニ於テ勝手ナルコト」をしたこと。武力をもって「外交政策ノ直接支援トスルヲ非ナリトシ」て、

「正義人道ノ名ノ下ニ全世界ガ交戦シツツアル際」に、中国に対して最後通牒《つうちょう》を発して要求を実現し、「第二ノ独逸《ドイツ》ナリト非難ヲ受クルニ至リタルコト」などをあげている。

4 日本の対英支援の評価

このように日本の協力に対してはかなりの不満があったが、ロンドン大学のイワン・ニッシュ名誉教授は『斜陽の同盟』という本で、「日本はイギリスの勝利に偉大な貢献をした。イギリスを援助したという観点から見れば、日本海軍の援助はいかなる同盟国の海軍よりも価値があった」と述べている。

『第一次世界大戦　地中海の海軍作戦』の著者ポール・G・ヘルペレンも、「日本艦隊はマルタ基地司令官のいかなる命令にも応じ、軍隊輸送船を護送しイギリス海軍に密接に協力した。日本艦隊は新鋭艦であり練度も高く、最高の称賛と評価を得た。この危機的状況下に派遣された一四隻の駆逐艦の貢献は忘れられがちではあるが、決して無視すべきものではない」と述べている。

大戦中の日本の対英支援について、前掲の「日英関係に関する覚書」には、日本が戦争によって得た利益、同盟国イギリスに対する不誠実と日本の貢献を次のように列記している。本文書は大英帝国会議時に配布された極秘の文書であり、この文書から日本の寄与に対するイギリスから見た総合的評価の一端を伺うことができるであろう。

一　日英同盟から日本が得た利益

（一）山東半島におけるドイツ利権と赤道以北のドイツ領南洋群島を確保した。

（二）ロシアから東清鉄道の譲渡と沿海州沿岸のある種の漁業権を獲得した。

（三）日露協商を結びある種の特権を得たが、それは日英同盟を弱化した。

（四）マレー半島における日本人医師の診療権を獲得した。

（五）連合国に武器弾薬などを輸出して多くの利益を得た。

（六）戦争でヨーロッパ諸国が輸出できない間に、インド、オーストラリア、南アフリカ、タイなどに輸出を伸ばし、経済的地位を確立し自国の工業化を達成した。

（七）日本は中国の南方軍閥（著者注・孫文《そんぶん》）を支援し、中国におけるフリーハンドを得ようとした。

二　同盟国としての不誠実な行為

（一）インド独立運動の活動家を国内に保護し、イギリスの捜査に協力しなかった。

（二）一九一六年末まで、日本はドイツの商業活動を阻止する適切な処置をとらなかった。

（三）中立国を通じた対ドイツ貿易を縮小する努力をしなかった。

（四）日英同盟反対キャンペーンを抑制せず、それが中立国に悪影響を与えた。

（五）イギリスが必要とする原料の確保を全く無視し、そのうえ鉄・金など戦争に必要な物資を繰り返し要求している。
(六) イギリスが不要物資の輸入制限をしているのに協力せず、イギリスの努力を妨害している。
(七) 中国におけるイギリスの地位の低下に最善を尽くし、そして成功した。

三　同盟国日本の寄与
(一) 青島を占領しドイツの極東における拠点を破壊した。
(二) ドイツ領南洋諸島を占領しドイツの補助的基地を破壊した。
(三) ドイツ東洋戦隊の捜索撃滅に参加するとともに、ANZAC部隊のヨーロッパ展開時に護衛するなどの共同作戦を遂行した。
(四) 二隻の巡洋艦をインド洋に、駆逐隊をシンガポールに派遣した。
(五) 最近二隻の巡洋艦をケープタウンに、駆逐隊を地中海に派遣することに同意した。
〔著者注・地中海には最終的に巡洋艦一隻、駆逐艦一二隻が派遣された〕
(六) 同盟国、特にロシアへ武器弾薬を供給した。
(七) イギリス・ロシア〔その後フランスも〕の国債を引き受けた。
(八) 二回〔著者注・その後二回追加〕金塊をウラジオストクからカナダまで護送した。

このように、太平洋からインド洋の制海権を確保し、地中海で対潜護衛作戦を実施した日本海軍の寄与は、地味な哨戒《しょうかい》作戦や護衛作戦であり、大きな戦闘行動がなかったため軽視されがちであるが、高く評価されるべきであろう。

5　忠実と評価された日本の支援

大戦中にアメリカから日英同盟に対する意見を求められたアーサー・J・バルフォア外相は、イギリスの要請に対して「日本が協力しなかったということはほとんどなく、従ってこれについては軽く触れるだけでよかった」と回想し、グレー外相は「余が外相の椅子にあった過去一一年間、日本は我が同盟国であったが、この同盟により課せられた義務、並びに日本がこれにより共有できる利益について、日本がこれを不公平に利用したことはない。日本政府及び駐英日本大使は我々にとり何れも名誉ある然《しか》も忠実な同盟者であった」と、第一次世界大戦中の日本の支援を公的には評価している。

しかし、あまりにも軽率でセンセーショナルに報じる未成熟なジャーナリズムが反英論を煽《あお》り立て、これらジャーナリズムが政府の統制を受けていると考えていたイギリスは、前述のように日本の不誠実を常に強く感じていた。さらに、日本は権益や領土の拡張などの国益を追求する強い対応も示し続けた。とはいえ、これはいずれの国も同様で、ロシアがドイツとの単独講和に応じ、共同戦線から離脱することを恐れたイギリスとフランスは、一九一五年三月一八日に、ロシアとダーダネルス海峡の処分に関するコンスタンティノーブル協定を結び、一九一六年五月一六日には英仏露三国間でアジア・トルコの分割に関するシイクス・ピコ協定を締結した。

また、イタリアは戦後の領土譲渡の誘いを受けて、一九一五年五月二三日にはかつての同盟国オーストリアに、一九一六年八月二八日にはドイツに宣戦を布告した。さらに、ブルガリアの同盟国側への参戦（一九一五年一〇月一二日）、ルーマニアの連合国への参加（一九一六年八月二七日）の際にも、それぞれの側から領土獲得を保証する秘密条約が結ばれていた。

当時の日本は連合国から離脱させようとのドイツの活発な宣伝戦にも晒《さら》されていた。さらに連合国であるアメリカやイギリス自治領などでは、厳しい人種差別を受けており、これら自治領は日英通商航海条約への加入を拒否し、警備行動中の巡洋艦矢矧が海岸砲台から射撃されるという事件さえ生じていた。したがって、このような状況下にあった日本の対応としては、必ずしも不誠実なものでなく、グレー外相が指摘したとおり日本は同盟国イギリスに忠実であったと総括し得るのではないであろうか。

6　伊吹のANZAC護衛から一〇〇年後

中国における民族主義の高揚にともない排英ボイコットが激化し、共産主義の脅威が高まると、イギリスには日英同盟復活ムードが台頭し、一九二五年一月には帝国国防会議でチャーチルが、日本が極東のイギリス領を攻撃することは現世代においては考えられない。たとえ、もし占領されとしても三年から四年後にはイギリスが兵力を増強して日本軍を排除することは可能であると強く主張し、二月九日の帝国国防会議で日本の侵略は一〇年間はありえないとの議決を採択させた。そして一九二六年一二月二五日に大正天皇が崩御すると、ロイド・ジョージ首相は下院で次のような追悼演説を行った。

> 陛下の偉大な国とわがイギリスとの間の同盟が、最高の試練にかけられたのは陛下の御治世中だったが、陛下と陛下の大臣たちは全国民の支持の下に、同盟の義務を忠実に励行した。苦境にあったわれわれが日本の援助を必要としたとき、われわれの全資源が本国の海岸や北海や大西洋に集中されていたとき、われわれが太平洋において我が通商を保護し、あるいは自治領からの軍隊の海上輸送を護衛するに十分な兵力を持たなかったとき、日本は同盟の義務を忠実に解釈し、これらの軍隊を護衛しわが通商を保護してくれた。

同年一二月にメルボルン総領事に着任した徳川家正《とくがわいえまさ》に託した総理大臣加藤高明の日豪友好関係増進を託したメッセージに、オーストラリア首相タンレー・M・ブルースは「就中《なかんずく》戦争ノ際、日本ヨリ受タル援助ヲ感謝記憶シ居レリ」と応《こた》え、ニュージーランド首相ジョセフ・C・コーテスは「世界大戦ノ初期ニ於テ、陸軍ノ輸送ニ際シ日本帝国海軍ヨリ与ヘラレタル援助ト、大戦中不安ノ数年ヲ通シ一貫シテ日本カ英国民ニ対シ示シタル同盟ノ情《じょう》誼《ぎ》トニ対シテハ、深ク感銘シテ之ヲ忘却セサル可《べ》シ」との返書を返した。このように第一次世界大戦中の日本海軍の協力は、太平洋の緊張が緩み日英関係が緩和されてはじめて正しく評価され、コミンテルンに扇動された中国の反英運動が高まり、日本と協力したい対日接近を図りたい時のシグナルとして用いられたのであった。

　それから一世紀が過ぎた二〇一四年、伊《い》吹《ぶき》の行動は中国海軍の軍事的脅威が増大すると、日豪の連携強化に再び利用された。七月に安《あ》倍《べ》晋三《しんぞう》総理がオーストラリアを訪問し、今後の日豪両国の協力関係を訴えると、八月にオーストラリア海軍主催の多国間共同訓練「カカドゥ14」に、海上自衛隊の護衛艦「はたかぜ」が参加。終わって日本軍が爆撃したダーウイン港を訪問し、九月一三日には日豪共同で両国の戦死者に対する慰霊祭が行われた。

　さらに、一〇月三〇日から一一月二日にはANZAC船団が伊吹に護衛されて出港したアルベニー港を護衛艦「きりさめ」が訪問し、ANZAC Memorial Day の式典に参加した。

　そして、これらを受け老朽化したコリンズ級潜水艦の後継艦として、「そうりゅう」級潜水艦の輸出を視野に「防衛装備品及び技術移転に関する協定」、「日豪武器共同開発（船舶の流体力学）」などが合意された。

　さらに、日英同盟の復活であろうか、二〇一四年二月一七日にはイギリス海軍の連絡士官サイモン・スティリー中佐が、日英海軍の情報交換、部隊間協力・交流に関する連絡調整のため自衛艦隊司令部に派遣された。

第10章　ワシントン会議と日英米関係

1　国際連盟の誕生

第一次世界大戦には多数の有色人種が動員された。イギリスの主力はインド兵であったが、フランスの主力はアフリカ植民地の黒人兵であり、またフランスは労働者としてベトナム人や中国人などを動員した。一方、アメリカは参戦とともに五〇万人の黒人が入隊し、戦争が終結するまでに黒人兵士は全アメリカ軍の三分の一を超えた。ドイツは黒人部隊の士気をくじくためにアメリカは、「人類愛とか民主主義のために戦っているというが、諸君は祖国で二級市民とされ、劇場で白人が座る場所に席がとれるのか」などと攻撃した。

この人種問題をいち早く利用したのがレーニンであった。レーニンはアフリカやアジア、アメリカの黒人兵が西欧の「資本主義的帝国主義者」のために戦うことを止めさせようとし、非白色人種の自決権を支持すると宣言した。レーニンは「モスクワを有色人種解放の首都にしようとした」のである。このレーニンの宣言は有色人種に希望と救済を意味し、黒人は人種平等が国際的に承認されるのではとパリ講和会議に期待したが、西欧列強にとっては脅威であり不快感と不安をかき立てていた。

日本は戦勝国として有色人種では唯一の国際連盟の五大常任理事国の一国として参加し、ウィルソン大統領の平和一四条の美しい言葉にも触発され、連盟規約案に人種平等の一項を挿入することを提案したが、賛同が得られなかったので「諸国民の平等の原則」を規約条文から憲章前文に挿入する修正動議を提出した。この動議に一一ヵ国が賛成し反対は五ヵ国で日本案は採決されると思われた。

しかし、議長のウィルソン大統領は「日本の修正動議は全会一致が得られなかったので不成立とします」と発言し、牧野《まきの》伸顕《のぶあき》全権がこれまで多数決ですべてを決めてきたのではないかと食い下がったが、ウィルソンに「このような重要な問題は全会一致でなければならない」と退けられてしまった。ウィルソンが拒否した国内的要因は強力な排日世論であり、国際的な要因はイギリス代表ロバート・セシル卿《きょう》の強硬な反対であった。この反対には次に示すイギリス外務省の文書が影響したのかもしれない。

有色人種の中で、日本「唯一《ただ》国だけ」が発言に耳を傾けさせる十分な実力を持っているが、日本がいかに軍事的に強大になろうとも、白人は日本を対等と認めることはしないだろう。日本がその主張を貫くことができれば、日本はわれわれよりも優位に立つ。それができなければ日本は劣等のままだろう。いずれにせよ、日本がわれわれと対等となることはありえない。

しかし、アジアやアフリカで人種問題に対する意識が高揚し、インドネシア、インド、エジプト、チュニジアなどで民族独立運動が高まり、日本の人種平等条項の提案に勇気づ

パリ講和会議日本全権団（外務省外交史料館提供）

けられたナイジェリア、ガンビア、黄金海岸（現ガーナ）などの黒人が、一九二〇年には民族自決と人種差別廃止を促進するため、英領西アフリカ民族会議を設立した。

インド国民会議は大英帝国のすべての自治領と植民地での人種平等を要求し、アメリカでは一九一九年夏に戦争から帰還した黒人兵たちが完全な市民権を要求し、シカゴやオマハ、ワシントンなどで大規模な暴動を起こし、一〇〇人以上の死傷者を出した。アメリカの黒人の間には日本人を人種差別の犠牲者というよりは、黒人の尊厳を認め平等に扱ってくれる偉大な人種と映り、日本が人種十字軍の旗手との印象を与え、それがアメリカの対日警戒心を高め排日運動を加速した。

人種平等条項が否決されたパリ講和会議は、多くの日本人に衝撃を与えた。講和会議で日本が英仏米伊四ヵ国首脳の四人委員会から外され、一等国としてのプライドを傷つけられると、有田《ありた》八郎《はちろう》、重光薫、堀内謙介《ほりうちけんすけ》などの書記官クラスの若手外務官僚が、外交の革新を唱えて外務省革新同志会を結成した。

一方、「もっと大きなことを考えている。外務省の革新だけではダメだ。日本の政界の革新をやらなくてはいけない」と語って入会しなかった松岡洋右《まつおかようすけ》は政界に進出した。そして、この動きが一九三〇年代にはワシントン体制打破を主張する革新外交官を生んだ。また、若き多感な近衛文麿《このえふみまろ》も一九一八年に『日本及日本人』に「英米本位の平和主義を排す」を投稿し、次のように国際連盟を批判した。

英米人が言う平和とは、自己に都合の良い現状維持のことであり、正義とか人道に関係なく、それに「人道主義という美名を冠したものに過ぎない」。第一次世界大戦は専制主義・軍国主義に対する民主主義・人道主義の戦いと英米は主張し、日本の知識人も英米の美辞麗句に酔って平和イコール人道と考えている。

しかし、欧米列強が植民地とその利益を独占している現状は、「人類の機会平等の原則」に反しており、国際連盟で最も利益を得るのは英米だけであって、残りの諸国は正義人道の美名に誘われたとしても得るものは何もない。国際連盟に加入するに当たり、「経済的帝国主義の排斥」と、有色人種にたいする「無差別的待遇」を主張すべきである。

新聞も「連盟は名において国際といえども、事実は白人連盟にすぎず。日本はかかる会に列して有色人種圧迫の機械に使われんよりは、むしろ脱退して白人連盟の事実を赤裸々にすべし」と非難した。また、『萬朝報（一九一九年四月一七日）』は人種平等の原則が支持されなかったことは、「濡れ雑巾《ぞうきん》で爆裂弾を包む」ようなものであると書いたが、この爆弾が爆発するのには大東亜戦争を待たなければならなかった。

戦争が終わると欧米では日本の脅威が、イエローペーパーや扇動的ジャーナリズムから外交・軍事当局の深刻な検討課題に昇格した。赤道以南のドイツ領土を防衛上必要としたオーストラリア首相ウイリアム・M・ヒューズは、パリ講和会議でアメリカの民族自決案に、「国防上ノ危機」を理由に「最モ痛烈ニ反対」した。そして、赤道以南のドイツ領全域の自国の支配が可能なC式委任統治領とすることを強く主張、さらに南洋群島の軍備禁止も委任統治条項第四条で組み入れた。

それ以上にオーストラリアの対日脅威、対日警戒心を高めたのは、国際連盟規約制定にあたっての日本の人種平等条項の挿入提案であった。「われわれは、マストの先端に『白豪主義』の旗を高く掲げてきた」と公言してきたヒューズ首相は、この日本の要求を移民を制限する権利の侵害と同一視し、これを認めれば白豪主義政策が不可能となると考え、人種平等条項に強く反対した。さらに、オーストラリアは「次ニ起ル可《べ》キ戦争ハ日米間ニ在リト信シ……日米戦争ハ（日本が）其《その》地歩ヲ確保スルニ絶好ノ機会ヲ与フヘシト考ヘ、日本ノ海軍拡張ノ真意ハ太平洋ノ覇権ヲ握リ、更ニ豪州及新西蘭《ニュージーランド》ヲ攻略セントスルニ在リ」と憂慮し、人種問題による日米戦争の余波から日本がオーストラリアに進攻するとの脅威に脅えた。

そして、このオーストラリアやニュージーランドの危惧《きぐ》が、日英を引き離す二つの流れを生んだ。一つはこれら自治領の過剰な警戒心や猜疑《さいぎ》心が、イギリス海軍の対日敵視を強め、有事には極東に艦隊を派遣することとし、シンガポールとシドニー基地の能力増強を計画した。

また、将来の極東の防衛体制を検討するため、一九一九年に元大艦隊（グランド・フリート）司令長官ジョン・R・ジェリコ提督を長とする使節団をオーストラリア、ニュージーランド、カナダに送った。ジェリコ提督は日本を将来紛争を起こし得る国家と規定し、対日戦争に備えカナダ、オーストラリア、ニュージーランドなどのイギリス自治領諸国が資金を提供し、戦艦八隻、巡洋戦艦八隻、空母三隻、軽巡洋艦九隻、駆逐艦四〇隻などからなる英自治領混成艦隊の創設を勧告した。さらに、翌一九二一年には日本の侵略に対抗するため、シンガポール基地の機能強化が閣議決定された。

2　シベリア共和国とアメリカ

一九一七年にロシアで一〇月革命が成功し、新しく誕生した革命政府が諸外国から干渉を受けると、レーニンは連合国の干渉戦争から領土を守るために日米の対立を利用した。

一方、アメリカ人で山師と言われたワシントン・ベイカー・ヴァンダーリップは、レーニンに来年の大統領選挙では共和党が勝利し、アメリカにボルシェヴィキ政権承認の動きが起こるであろう。

「わがアメリカの利益は石油を自分の手に握る必要がある。……石油を持つことが必要なだけでなく、敵に石油を持たせないように措置することが必要である。カムチャツカには石油資源がある。この石油資源が日本の手に入らないよう望んでいる」との手紙を送り革命政権に接近した。そして、革命政権との間に東経一六〇度以西の北極海、ベーリング海などの石油、水産物、石炭資源に対する利権を向こう六〇年間ヴァンダーリップの会社に与え、アメリカにソビエトの財務代行機構を設立し、三年間に三〇億ドルのソ連製品を買い付けるという協約に調印した。しかし、このプロジェクトはレーニン政権を承認するという条件を満たせずに破棄された。

シベリア出兵は時期により国により目的が変わり、また現地にも多様な勢力が政権を乱立していたが、日本はイスラム教徒でコサック出身のグチゴリー・セミョーノフ、元黒海艦隊司令長官アレキサンダー・V・コルチャク、帝政ロシア時代の中東鉄道総裁ドミトリ・ホルヴァートなどを支持し、セミョーノフは一九一八年九月にイギリスに擁護されたコルチャクがオムスクに臨時全ロシア政府を樹立すると、チタにザバイカル州臨時政府を樹立することを認められた。しかし、これらの勢力の間には反目しかなく、しかもセミョーノフは残忍で専制的なことから人望がなく、日本軍が撤退すると後ろ盾を失い失脚し一九二一年にはウラジオストクから脱出した。一方、チェコ軍が革命派に寝返ると戦況は急速に悪化し、一九二〇年一月にはコルチャクが革命軍に捕らえられ二月七日には銃殺されてしまった。

突然のアメリカ軍の撤退は日本軍に再編成の時間を与えず、革命派を有利にしコルチャク政権の瓦解《がかい》を招き、ボルシェヴィキの勝利を許したと批判するアメリカの学者もいるが、一九二〇年四月六日にはボルシェヴィキ派がシベリア共和国の独立を宣言し、四月七日には帝政時代に共産党国際部東洋部長で、アメリカに亡命していたユダヤ系ロシア人アレキサンダー・M・クラスノシチェホフが首相に就任すると、日本は七月七日のゴンゴッタ協定でシベリア共和国を承認しバイカル地方から撤退した。独立を宣言したシベリア共和国は代表をアメリカに送り、シベリア共和国は言論の自由、私有財産制、代議員制度を採用する民主主義国家であると宣伝し、一九二一年五月にはアメリカの石油企業家ハリー・フォード・シンクレアと、日本軍占領下の北樺太《からふと》油田の開発権と港湾建設権を与えた（しかし、この協定もボルシェヴィキ政府と外交関係を正常化することを条件としていたため実行されなかった）。一方、シベリア共和国は日本軍が撤退した一カ月後の一九二二年一一月一四日にはソ連邦への併合を決議し、一九日には合併されて消えてしまった。原敬《はらたかし》はアメリカの撤兵は「過激派を懐柔し」「過激派の歓心を得る」ためと書いているが、松岡洋右も「日本の東部シベリアへの野心に対し、先手を打ち共同出兵を提議し（それ自身ウィルソン大統領の非常なる対日不信にして、予がこれに対して日本単独出兵を力説したるも、米カブレの幣原《しではら》外務次官に裏をかかれて敗れ、遂に小生予言の通り惨然たる終局を告げたり）、又遂《つい》に日本を追い出したるも米なり、かかる大策に就いては何れの国も決して方針を変えず」と、アメリカと幣原外務次官を非難している。

シベリア出兵は四年にわたり延べ二四万の兵力を投入し、二〇八〇名の戦死者と六億円の戦費を費やした目的不明な史上「悪名高い」戦いであった。しかし、これをイズムの視点から見ると、シベリア出兵はシベリアへのボルシェヴィキ派の進出と、南満州《まんしゅう》の間島《かんとう》の朝鮮民族がコミンテルンの援助で、過激な反日独立運動を展開している朝鮮の安全保障を確保するという防共戦争であった。間島には朝鮮独立武装団の他に、コミンテルンに同調し世界革命の遂行を主唱する高麗《こうらい》共産党があり、さらに上海には英米などで反日運動を展開している朝鮮独立仮政府もあった。もし、日露講和の時にセオドア・ルーズベルト大統領が二回も金子堅太郎《かねこけんたろう》に、日本が「欧州のアジア侵略を制止し、諸外国の既得権を除き、スエズ以東のアジア諸国の盟主となる」よう進言した意思を尊重し、日本のシベリア出兵に干渉せず、また日本も多少ともアメリカの満州やシベリアへの進出を容認していたならば、中国と日本の北東に緩衝国家が誕生し、歴史はかなり異なった展開を示したのではなかったであろうか。

3　ドイツの日英同盟分断策の後遺症

遅れて植民地争奪戦に参加したドイツにとり、ロシアが東洋に向かえば東洋でイギリスとの対立が生じるばかりでなく、ロシアのバルカンや中近東方面への進出圧力を減少できると打算した。一八九五年にウィルヘルム二世は日本が東洋で優勢を占めれば、やがてアジアは日本に統一され、次いでヨーロッパも統一されたアジアの黄禍（日本）に侵害されるであろう――「ヨーロッパ諸民族よ、汝《なんじ》らの最も神聖な宝を守れ」と、画家のヘルマン・クナックフースに黄禍の脅威を題材とした絵を描かせ、ロシア皇帝ニコライ二世や各国の有力者に贈り、キリスト教国は異教徒たる東洋民族に対して、断固立ち上がらなければヨーロッパ文明が蹂躙《じゅうりん》されると扇動した。この流れはロシアやフランスにみるみる広がり、それが日清戦争後の独仏露三国干渉となり、さらにアメリカに波及した。

黄禍論を最初に政治的に利用し成果を上げたのは、ポーツマス講和会議に出席したロシア代表セルゲイ・ウイッテで、日露戦争後に日本から大量の移民が渡米し、白人労働者を失職に追い込んだこともあり、第一次大戦勃発《ぼっぱつ》三ヵ月前の一九一三年四月には、カリフォルニア州議会でアジア人土地所有禁止法が成立した。さらに、第一次世界大戦が勃発すると、ドイツは日英同盟を分断するために黄禍論を利用した。ドイツ系アメリカ人はイギリスが黄色人種の日本と同盟し、キリスト教徒である白色人種を殺傷し、キリスト教文明を破壊しているのは白色人種に対する反逆であるとイギリスを批判し、ハースト系の『ニューヨーク・アメリカン』には「カリフォルニアに気を付けろ」という次の歌が、日曜版の一ページ全面に楽譜入りで掲載された。

一　アンクル・サムよ、あなたはまるで子羊のように寝ている。
平和の鳩がエサをついばんでいる間は、戦争の話はしたくないとあなたは言う。
あなたはこの事態、この国に迫っている危険を知らないのだ。
何かがいま起きようとしている。日本人を一掃しなければ何かが起きる。

二　われわれは今、安穏をむさぼっている。
しかし、そうしている間に彼らはこの輝かしい家に忍び寄る。
おお神様！　星条旗を守りたまえ。この白い家のスキ間を塞げ。
われわれの海辺は日本人でいっぱいだ。

また、日本が南洋群島を占領しオーストラリアに対日警戒心が強まると、ドイツはこの変化を日英分断、英豪の連係弱化に利用した。ドイツ系のロイター通信は日本海軍がヤップ島を占領すると、「ヤップ島の占領を没却すべからず、同島は将来太平洋から南極洋にも達する日本の覇権確保の第一兵站《へいたん》基地になるであろう。数十年前からオーストラリアが日本に狙われていると言われているが、この危険を防ごうとするならば、『オーストラリアは白人の手に属す』ことが必要である」と、人種問題を絡め日豪の離反を謀った。

またドイツはエージェントを使い、日本の扇動的なジャーナリスト茅原華山《かやはらかざん》の「第三帝国」という小新聞の記事、「我国の国策は南進論でなければならないが、この場合の南は南洋の小さな島々を指すのではない。……日本の膨張は赤道より南……オーストラリア・ニュージーランド・タスマニアまで及ぶのである」といった記事を秘《ひそ》かにオーストラリアに持ち込んだ。この記事は一九一八年六月のパースの労働党大会や、七月のサウス・オーストラリア州議会で朗読され反日感情と対日警戒心を高めた。そして、この反日感情や対日警戒心が労働党に利用された。

日本にとり不幸なことは、人種問題がオーストラリアの国内政治、特に一九一六年一〇月と一九一七年一二月との二回にわたり、国論を二分した海外派兵のための徴兵制度の賛否を問う国民投票に利用されたことであった。一九一六年に渡英したヒューズ首相は、戦後処理を決する講和会議への参加と引き換えに、オーストラリア兵をヨーロッパ戦線に送ることを約束したため、徴兵制度に反対する労働党を脱党し、徴兵制実現のため宿敵の保守党に移った。これに対して徴兵制度に反対する労働党は、機関紙「Laber Call」で人種問題や日本の脅威を持ち出し、次のような徴兵反対の記事を掲載した。

次の戦争は間違いなく太平洋において白色人種と黄色人種の間で起こるであろう。今日、白色人種同士が争い合っているのは自殺行為であり、我々は有能な若者を遠い戦場に送ることなく、将来の人種戦争に備えなければならない。
私はNOと投票しよう。何故ならばオーストラリアは白人の国家であらねばならないから。YESと投票すれば毎月一万六五〇〇人の男子が出国し、その後に色の付いた労働者を輸入しなければならなくなるから。

このオーストラリアやニュージーランドの日本に対する警戒心が、人種問題で日本と対立するアメリカに接近させた。一方、アメリカ海軍もオーストラリアのこのような国民感情を、太平洋における基地網確保のために利用し対豪接近を図った。そして、ワシントン条約締結半年後の一九二五年七月、ハワイで年度海軍演習を終えた艦艇五七隻を、対日進攻渡洋作戦能力を検証する「ノン・ストップ演習」の一環として、オーストラリア・ニュージーランドに送り、有事にアメリカの来援を期待する両国国民から熱狂的な歓迎を受けた。

4 変化するアメリカの対日感情

海軍戦略家のアルフレッド・セイヤー・マハンが危機感を抱いたのは東学党の乱を契機とした満州へのロシアの南下で、マハンは一九〇〇年の「アジアの問題」では、日本は異質な西洋のシステムの利点を物質面・思想面の両面にわたって摂取した。日本のみがアジアで西欧文明を取り入れられる国家であり、日本は西欧諸国と連合し野蛮なスラブを阻止し得る国家である。「組織化された形で進歩の準備を整えている国は日本しかない」と称賛した。このように日本を評価したのは、義和団の乱を契機としたロシアの満州への南下にあり、マハンは一九〇二年三月には副大統領となったルーズベルトに、中国におけるアメリカの利益を守るためには、海洋国家の英独仏と日本と協力すべきであると進言した。

このような対日期待から旅順《りょじゅん》攻略一日後に行われたホワイトハウスの新年祝賀会で、ルーズベルトは駐米海軍武官の竹下勇《たけしたいさむ》大佐の手を堅く握り小声で「ブラボウ」と言った。また、日本海海戦勝利の公報を持って大統領に報告したところ、「貴国海軍の成功は喜びにたえない。この海戦はトラファルガル海戦にも比すべく、驚異的であり画期的である。バンザイ」と手を堅く握ったという。

しかし、日本海海戦三日後に『ニューヨーク・サン』が、今や日本海軍は一挙に世界の海軍中に卓越した地位を占めるに至った。世界第一の海軍国であるイギリスといえども凌《りょう》駕《が》せられる日遠からず、この時に当りわが国の如きは果して日本海軍に当ることを得るや否や、要するに五月二七日・二八日両日の海戦は二〇世紀における文明世界の大勢を全然一変するに至らしめたと報じた。

さらに日露戦争後に大量の移民が渡米し白人労働者を失職に追い込むと、アメリカの対日世論は急速に悪化した。そして、軍事的に強国となった日本への警戒心が高まり黄禍論が復活した。ポーツマス条約調印から二ヵ月後の一九〇五年一一月には、アメリカ労働総同盟大会がサンフランシスコで開かれたが、場所が場所だけに大会では排日気運が盛り上がり、翌年三月にはカリフォルニア州議会では口を極めて日本人の欠点をあげ、「ハワイからの渡航者が毎月五〇〇人を下らず、その上、日露戦争が終わったので除隊した日本兵が続々と太平洋沿岸に集まり、このままではカリフォルニアが不道徳、低賃金の群集に満ち溢《あふ》れ、白人労働者は生活が出来なくなる」と、日本人労働者の入国制限を求める決議が採択された。

一九〇六年一一月にはサンフランシスコ市学務局が「我々の児童は、その青年期の印象が蒙古《もうこ》人種の学童との交際により影響される如き、いかなる立場にも置かれてはならない」と日本人の学童に対して隔離学校を設置する決議が採択された。表向きの理由は震災により学校が崩壊し教室が不足しているからとか、年齢が高すぎるとか説明された。しかし、サンフランシスコ全市の学童数が約二万五〇〇〇人、日本人学童は九三名に過ぎず、二万五〇〇〇人の中に九三人を入れる余席がないというのであった。さらに一九一三年四月にはカリフォルニア州議会が圧倒的多数で日本人の土地所有禁止法案を可決した。

一九〇六年一〇月には海軍長官の諮問機関である統合軍事委員会に対日戦争計画が諮問され、海軍大学校で対日戦争計画の研究が開始され、一九〇七年六月にはウイリアム・タフト陸軍長官の指示を受けた陸軍大学校で、対日戦争の統合図上演習が行われるなどアメリカ軍部は本格的な対日戦争計画の検討を開始した。

一九〇八年にはハワイの防備強化を主張したアメリカ海軍は、一九一二年には防備地点をさらに東のグアムに進め、一二月四日には統合軍事委員会議長ジョージ・デューイからセオドア・ルーズベルト海軍長官に、グアムはフィリピンや極東への“Sea Line of Communication”上、またアメリカの国益上極めて重要な戦略的緊要点であり、グアムの防備強化の予算上の優先順位をハワイより上位にすべきであるとの意見書が出され、翌年二月にはさらにグアムをあらゆる敵の攻撃に対して、艦隊が大西洋から回航されるまでの四カ月間保持できるだけの軍備を整備すべきであるとの意見書が統合軍事委員会から海軍長官に提出された。

その後、第一次世界大戦が勃発しアメリカが参戦するに及んで、日英同盟反対論や人種差別問題は下火になったが、第一次世界大戦が終わりドイツが消えると、アメリカの矛先は日本に向けられたが、その多くは中国に関するものであった。大戦中の日本の勢力伸張によって、極東における列強間の力の均衡は大きく崩れ、中国市場を押さえられたアメリカの巻き返しが始まった。アメリカが最初に攻勢に出たのは新四カ国借款団の組織提案であった。

この狙いは日本の中国に対する単独投資を拘束し、自国の投資を促進することを意図したものであった。第二はシベリアをロシアから分離し、満州や朝鮮の緩衝地帯とする日本の行動を妨害することであった。第三は日本がドイツから受け継いだ青島《チンタオ》租借地を中国に返却させることであった。そして、日米はパリ講和会議では山東《さんとう》問題をめぐって激突し、さらにシベリア出兵やヤップ問題、移民制限問題などをめぐり緊張を高めていった。

大戦後のアメリカの対日外交政策は国際世論の非難を日本に向け、日本を外交的に孤立させ、日本に政策転換を促すことを狙い、伝統的な門戸開放政策を旗印に、戦時中に日本が確立した中国大陸の既成事実を覆そうとした。そして、一八九九年と一九〇四年に中国の領土保全・門戸開放・機会均等の門戸開放宣言を列国に発したが、この宣言やモンロー宣言はアメリカの一方的な宣言で、国際条約のように他国を制約するものでも権利でもなく、他国が認めたものでもなかったが、アメリカはこの宣言を不変の国策として中国大陸へと進んできた。

5 ワシントン会議

イギリスは日英同盟を廃止した場合には、日本がオーストラリアやニュージーランドなどのイギリス自治領への脅威となることを恐れる「ビンの蓋《ふた》論」から、また、中国における利害の対立を調整する外交チャンネルとして、日英同盟を評価し継続を望んでいた。しかし、アメリカは世界第一位のイギリス海軍と第三位の日本海軍に、大西洋と太平洋から挟撃される幻想に脅え、最も熾烈《しれつ》に制海権の争奪戦を演じていたイギリスを第一の仮想敵国として一九一九年に対英（War plan Red）、対日（War plan Orange）、対英日（War plan

Red and Orange）戦争計画を立案したが、対英戦争の場合に背後を日本に攻撃される日英同盟の存在が最大の課題であり、アメリカは日英同盟の解消に動いた。アメリカはイギリスに会議の主導権を取られることを虞《おそ》れ、一九二一年七月一一日にウォーレン・ハーディング大統領からワシントン会議の開催を呼びかけた。さらに日英の密着を中和しようとフランスを加えて太平洋における島嶼《とうしょ》や領土に関して、日英米仏の四ヵ国の権利の相互尊重と、紛争が生起した場合には会議を開いて協議するという、「太平洋に関する四ヵ国条約」を成立させたのである。

調印式における「日本代表たちの顔面は緊張したままだった。一部のイギリス代表は不愉快な顔をした。アメリカと中国の代表は大きく微笑んだ」との『モーニング・ポスト』の記事が、日英同盟の解消に対する各国の真意を見事に捕らえているように思われる。

このようにして日英同盟は解消されたが、次に示すイギリス王立国際問題研究所の『国際情勢概観（一九二〇—二三年）』の一節を読むと、アメリカの長期的戦略の見事さに「脱帽」以外の言葉は浮かばない。

「日本の野心を挫《ざ》折《せつ》させた要素は、これら大国の政治的手腕であった。英語を使用する国々の外交は、日本が弱かった部所を正確に最も強烈に打った。これらの国々は難攻不落と思われた地位から、一つ一つ巧妙に日本を締め出していった。中国政府がベルサイユ条約の調印を拒否したことは、アメリカ上院がその批准を拒否したことによって重要な意味を持つようになった。日本のシベリア政策に対するソ連のシベリア共和国の抵抗は、一九一八年七、八月の同じような外交文書に関する米国務省の日本外務省に宛てられた慇懃《いんぎん》ながら断固たる勧告によって力をつけた。日英同盟は一九二一年一二月一三日の四ヵ国条約にとって代えられた。当然の帰結として一九二二年二月一一日にはヤップ条約が結ばれた。日本の対中二十一ヵ条は一九二〇年一〇月一五日の対中借款協定と一九二二年二月六日の中国に関する九ヵ国条約に差し替えられた。ベルサイユ条約の山東省に関する条項は一九二二年二月四日の日中条約に置き替えられた。海軍の軍拡競争は軍縮に代わった。しかも、こういった動きのすべてが礼節のある陽気な態度で進められたため、日本は憤慨したり、友好関係を断絶する機会をすべて奪われてしまった。日本は自らの手で作り上げた成果を台無しにする見事な役割を演じるよう巧妙に、しかも丁重に仕向けられた。米英を中心とする国々と中国に日本は完全に包囲され、あらゆる権限を奪い取られたのである。いわゆる陰謀説は取らないが、国際的な策略に日本は完膚なきまでにたたきつぶされた」。

外務省作成の『外務省の百年』は「世に『幣原外交』というが、その当時に於いて時の外務大臣の名前を冠《かぶ》せて、その外交ぶりを形容するのは幣原をもって初めとす。大正末期から昭和の初めにかけ、幣原は霞ヶ関外交のチャンピオンとして、台頭する軍部と渡り合い満州事変前夜の日本外交に一時代を画した。その正しきを踏んで畏れのない外交指導は、戦前の政党内閣最後の抵抗を象徴するものであったといえよう。国際協調、内政不干渉、軍事より経済優先という憲政会・民政党の対外政策を練り上げ断行した」と称《たた》えている。

さらに、幣原喜重郎《きじゅうろう》は回想録『外交五十年』で、ワシントン会議では如何《いか》に誠意をもってうまく対応したかを書き、暗号を解読されたのを知っても「暗号を盗まれたお陰で、アメリカでは幣原は一本調子な正直な人間として、受け取ったであろうと、ひそかに会心の笑みを漏らした」と得々と披露している。これが世界は一家―みな同胞《はらから》主義の日本の「清く正しく美しく」の宝塚的乙女外交であり、このような外交官に日本の国運を託し、それが日本を日中戦争、太平洋戦争へと導いてしまったのでもあった。

6　ワシントン体制の破壊国

駐日フランス大使クローデルの報告

ワシントン体制という現状維持による平和を崩壊した責任は、どの国にあるのであろうか。中国に対する日米英の動きを局外に立つフランスは、どのように見ていたのであろうか。詩人であり優れた直感力と卓越した洞察力を持ち、一九二一年から一九二七年まで、駐日大使であったポール・クローデルの報告から、当時の中国をめぐる列強の動きや、中国の現状をみてみたい。

クローデル大使は日本に着任する途次、ベトナムや中国各地で、あらゆる種類のヨーロッパ人から、日本が近隣諸国にとり続けている強引な政策について、強い警戒心を聞かされて着任した。しかし、クローデル大使はワシントン会議が大詰めを迎えた一九二一年一二月二六日に、「ワシントン会議と日本の軍艦数の削減と中国問題」という次の報告を送った。

ワシントン会議は「大きな犠牲を日本に強いるもの」であり、「誇り高く勇敢な国民に、ほぼ完成しているこれら美しい艦船を放棄するよう求めるのは酷です。こうした艦船のために、国民は大きな犠牲を払いましたし、これらの艦船に国の将来を託したのでしょうから」。しかも、「一〇年後、アングロサクソンの両大国は、何の困難もなしに軍艦の建造を再開できるでしょう。彼等はこの間、民間需要だけで造船所を維持することができるからです」。しかし、日本の造船業は軍需に依存しており、さらに戦争終結で船舶は供給過剰の状態にあります。近代産業の基礎である造船技術や熟練工を、今後いかに日本が維持するのか、「一〇年間も新たな建造を禁じるということは、アメリカやイギリスにとってよりも、日本にとっての方がはるかに大きな打撃です」と艦艇削減問題を報告した。

次いで中国については、資源のない日本が「自国のかたわらには、いわば相続人不在の巨大な国、未開発で無防備な土地、自らに欠けている主要な物資を大量に供給してくれる国がある」のに、「日本がこれに手をつける誘惑にかられないと断言できるでしょうか。

西欧列強だったらどうするでしょうか。おそらくアメリカがプエルトリコ、パナマ、サンドミンゴに対してしたのと同じなのです」。「日本の政治の指導者が誰であれ、必要に迫られれば外国の非難がどうあれ、中国に対する日本の政策は不可避的なものであり、やむをえないものなのです」と、日本に同情的な見解を述べている。

そして、さらにクローデルは「忘れてならないことは……（これらの利権が）条約に支えられ、長年の所有によって確認された既成事実」であり、「日本は朝鮮を併合し満州と関東州《かんとう》（遼東《りようとう》半島租借地）で、ロシアが有していたあらゆる利権、長春《ちようしゆん》から旅順《りよじゆん》に至る鉄道の利権、同時にそれに結びついた鉱物資源や土地のあらゆる所有権を引き継ぎましたが、それはアメリカの仲介で締結されたポーツマス条約によって認められたものなのです」。そして、この権利を一九六七年まで延期することを取り決めたのが対華二十一ヵ条であり、「さらにベルサイユ条約によって、青島と山東に関するドイツの利権が日本に割り当てられたのです」。資源の少ない日本は「中国の無政府状態に便乗して、自国の毎日の生活に欠くことができない必需品を運ぶ鉄道を造るしかないのです」。

中国について「よく考えてみれば、問題は日本を中国から追い出すことではありません。それは不可能な試みであり、そのようなことをすれば戦争になるでしょう。それよりは、隣国の吸収の動きに抵抗できるだけの物質的・精神的な力を中国に与えることです」。しかし、中国は国内改革という自助努力で、この力を取り戻すことができるのでしょうか。中国を知っている外国人で、この改革を中国が「できると答える外国人は、一人もいないだろうと私は思います」。「ウエリントン・クー（顧維均《こいきん》、駐英公使）やアルフレッド・シー（施肇基《しじょうき》、駐米大使）はみごとな演説をしました。しかし、かれらがあれほどの自信を持って、中国の名のもとに語っている国とは、いったい右のいずれを指すのか知りたいものです。もしも、中国が心から独立したいと望み、文明国の列に加わりたいと望むのであれば、日本の広範な侵入をくい止め、長期にわたる国家建設の間の安全保障を維持するには、国際管理の考え方を受け入れることだと、中国は理解できるはずなのです。中国が現在陥っている崩壊的状態ほど、日本を利するものはないでしょう。管理者不在のもとでは、各国が貸与する資金、あるいは中国が関税率の引き上げによって集めることを、各国が認めている資金は軍閥の金庫を潤し、無政府状態を長らえさせるのに役立つだけという可能性があります」。「すくなくとも中国に関しては、日本を犠牲にする形で状況が本質的に変わることがあるとは思われません」。「日本は、イギリスとの同盟の価値について思い描いていた幻想がはかないものであったと思い知らされることでしょう。そして、どんな条約が結ばれようと、さまざまなに枝別れしたアングロサクソン・ファミリーが一体感をもてるとすれば、それは日本を抑え込むという一点であるということが日本には判ることでしょう」。

7　日本敵視の危険を指摘したマクマレー

一九二五年から一九二九年まで駐華公使を経験し中国関係の条約集を編纂《へんさん》するなど、当時のアメリカの中国通の第一人者といわれていたジョン・V・A・マクマレーは、クローデルが報告した一四年後の一九三五年に、国務省極東部長スタンリー・K・ホーンベックに「極東における米国の政策に影響を及ぼしつつある諸動向」という文書を提出した。マクマレーはワシントン会議以来の極東情勢とアメリカの政策を振り返り、ワシントン体制が崩壊した理由を分析し次のように進言した。

ワシントン体制を崩壊させたのは日本ではなく、中国及びアメリカを先頭とする欧米列強である。中国は国内の諸勢力がナショナリズムを自らの勢力延長の手段として、不平等な国際条約を無視し、破棄してワシントン体制の存続を危なくした。アメリカは中国に死活的利益を持っていなかったが、いたずらに中国のナショナリズムへの迎合を繰り返し、ワシントン体制を崩壊に導いた。……国際法や条約は各国が順守し、その変更はルールに則《のっと》って行われなければ安定した国際社会を築くことは不可能である。関税主権の回復や治外法権の撤廃のためであれ、領土保全のためであれ、ナショナリズムを口にして国際法や条約を蹂躪《じゅうりん》することは許されない。……中国やアメリカなどの西欧諸国が、国際法や条約を順守する立場に立たない限り、日本は今後ますます追い詰められ、日米戦争に至ることは必然である。

このように、マクマレーはワシントン会議以降に諸条約を無視した中国の政策と、それに迎合したアメリカの政策を批判し、極東に於ける唯一の安定した国家である日本を敵視することなく協調すべきであると、日本を敵視する危険を指摘した。しかし、この報告書は親中国派のホーンベックには影響を与えなかった。

確かに、歴史的にみればワシントン体制の崩壊を決定付けたのは満州事変であり、日本の中国への侵略行為であった。しかし、日本がそのような行為に走ってしまったのは、クローデル大使も指摘するとおり、「相続人不在」の「未開発で無防備」な中国の存在と、中国のワシントン体制を無視する過激なナショナリズムにあったことを否定することはできないのではないか。

第11章
第二次世界大戦と中国・ソ連要因

1　コミンテルンの対日攻勢と日本の対応

一九二九年以降、日本共産党は「二七年テーゼ」の「日本帝国主義者は来るべき戦争に積極的な役割を演じている」。「支那に於ける革命の干渉とソ連邦に対する戦争準備に対して闘争する」ことを決議したコミンテルンの指示を受け反軍反戦活動を強化した。一九三二年には『兵士の友』が発行され、「兵士諸君に与う」などの『赤旗パンフレット』が部隊内に投げ込まれ、そこには次のように書かれていた。

天皇の軍隊の崩壊のために、資本家・地主的天皇制の打破のために
労働者・農民・兵士のソヴェート樹立のために
帝国主義的戦争絶対反対！　戦争を内乱へ！
ソヴェート同盟を守れ！　支那革命を守れ！

新聞にも「砲兵工廠《こうしょう》の赤化暴露―四〇余名を検挙」「士官学校で四名放校―思想安全地帯に赤化分子」などのタイトルで大きく報じられていたが、共産党の対軍工作が強化され隊内にも共産党細胞が扶植《ふしょく》されるに至った。一九二六年には一五〇件程度であった反軍活

動が、一九二七年には二三八件、一九二八年には一二九四件に激増した。また、当時は世界的な不況の影響を受け知識階級の間では、資本主義社会の崩壊と共産主義社会の実現が「歴史の必然視」される時代であった。これは議論のない自明のことと信じられ、一九三三年には「学習院へ魔手　三十余名検挙さる、華族、富豪、名門の子弟等」と明治維新の元勲などの子女が共産主義に走り、検挙された事件などが大きく報じられていた。

不況による困窮、権力闘争に明け暮れる政党政治、中国における反日運動の高まりなどの内外の問題に対し、日本には改革が必要であった。しかし、腐敗した既成政党は問題解決能力を欠いていた。五・一五事件を起こした三上《みかみ》卓《たく》中尉などの危機感が左翼の認識とさして変わらないことは、次に示す五・一五事件の時に配布された檄文《げきぶん》を見れば理解できるであろう。

「党利に盲《めし》いたる政党、之《これ》と結託して民衆の膏血《こうけつ》を搾る財閥と、更に之を擁護して制圧日に長ずる官憲と軟弱外交と堕落《だらく》せる教育、腐敗せる軍部と悪化せる思想と塗炭《とたん》に苦しむ農民労働者階級と、而して群拠する口舌の徒輩と。日本は今や斯《か》くの如き雑踏の奈落《ならく》の淵にあえぎ死なんとしている」。「国民諸君よ　武器を執って！　今や邦家救済の道は唯一つ『直接行動』以外の何物もない。国民よ！　天皇の御名《みな》に於いて君側の奸《かん》を葬れ　国民の敵たる既成政党と財閥を殺せ！　横暴極まる官憲を膺懲《ようちょう》せよ！　奸《かん》賊《ぞく》、特権階級を抹殺《まっさつ》せよ!」」。

一方、ロシアにおける共産主義政権の出現が革命思想を醸成し、労働運動の激化が為政者に危機感を与えていたが、国民大衆は勤労を避け安逸に走り、「モガ」や「モボ」が流行しカフェーが全盛を極めていた。このような世情の一九二三年九月一日に関東大震災が発生すると、天罰思想が台頭し災害二ヵ月後の一一月一〇日には「国家興隆ノ本ハ国民精神ノ剛健ニ在リ、之ヲ涵養《かんよう》シ之ヲ振作シテ以《もっ》テ国本ヲ固クセサルヘカラス」との、「国民精神作興ニ関スル詔書」が発布された。

一九二三年一二月二七日に皇太子(昭和天皇)暗殺未遂事件の「虎ノ門事件」が起こると、「思想国難」の名のもとに「国民思想の善動」が叫ばれ、「国民道徳」「醇風《じゅんぷう》美俗」「国民精神」「国体観念」「階級調和」「共存共栄」などが強調され、全国に国民精神作興会が作られた。さらに、不利な比率に押さえ込まれたロンドン海軍軍縮条約が、この運動に国家主義的なベクトルを強め、この運動に弾みを付けた。一九二九年には一七団体しかなかった右翼団体が、一九三〇年には二六団体、一九三一年には六五団体、一九三二年には一四四団体に達した。

一九三〇年一一月一四日には、ロンドン条約に不満を持った右翼の愛国社員の佐郷屋留《さごやとめ》雄《お》が浜口雄幸《はまぐちおさち》首相を銃撃し、翌三一年三月および一〇月には橋本欣五郎《はしもときんごろう》中佐による桜会のクーデターが発覚、翌三二年二月九日には民政党総務で前蔵相の井上準之助《いのうえじゅんのすけ》が血盟団員の小沼正《おぬましょう》に、三月五日には三井合名会社理事長の団琢磨《だんたくま》が、同じく血盟団員の菱沼五郎《ひしぬまごろう》に射殺される血盟団事件が、さらに一九三二年五月には五・一五事件が起こった。

五・一五事件に続き一九三六年には陸軍の青年士官が二・二六事件を起こしたが、なぜ、このような事件が再発したのであろうか。また、当時の陸軍内部はどのような状況であったのであろうか。二・二六事件で殺害された内大臣斎藤実《さいとうまこと》海軍大将（元総理）に、暗殺二ヵ月前に山本英輔《やまもとえいすけ》海軍大将が送付した手紙には、陸軍内部に派閥が生まれ下克上《げこくじょう》の風潮が強まり、国家を憂う青年将校の間に共産主義が擬装して浸透しつつある危機を次のように警告していた。

政治が乱れ財閥が全盛横暴を極め、陸軍上層部までもが政争や権力闘争に明け暮れているのを見ている正義感の強い若い将校が「ファッショ気分トナリ」、これを「民間右翼、左翼の諸団体、政治家、露国ノ魔手、赤化運動家」が策動している。これが「所謂《いわゆる》統制派トナリシモノナリ」。表面は大変美化されているが終局の目的は社会主義で、昨年の陸軍の『パンフレット（陸軍省新聞班作成の『国防の本義と其の強化の提案』）は「其《そ》の真意ヲ露ハスモノ」である。林《はやし》（銑十郎《せんじゅうろう》）前陸軍大臣や永田《ながた》（鉄山《てつざん》）軍務局長等は「之ヲ知リテセシカ、知ラズシテ乗ゼラレテ居リシカ知ラザレドモ」、その「最終ノ目的点ニ達スレバ資本家ヲ討伐シ」、あらゆる組織を「国家的ニ統制セントスルモノ」であり、それは「『ソ』連邦ノ如キ結果トナルモノナリ」。しかるに重臣や政府は天皇に忠誠を尽くすべしとする皇道派を支援せず統制派を支持している。民間各種団体も「自己ノ欲望又ハ主義野望ヲ達センガ為メ仮装偽装シテ」取り付き、このため「血気ノ将校ハ一刻モ早ク」祖国を救おうと、「無我夢中ニ飛ビックコトモアルベク赤化運動ノ乗ズル所此《これ》ニアリ」。

この『国防の本義と其の強化の提案』は東京帝国大学派遣学生であった池田《いけだ》純久《すみひさ》少佐と四方《し》諒二《かたりょうじ》少佐が起案し、鈴木《すずき》貞一《ていいち》新聞班長を中心に検討し、永田鉄山軍務局長、林銑十郎大臣の決裁を得て昭和九年に発行されたが、その内容はヒトラーやスターリンの社会主義国家、計画経済で高度の国防国家の建設を提唱したものであった。

陸軍の左傾は統制派が実権を握るとさらに加速し、支那事変が始まり一九三九年に軍務局長に武藤章《むとうあきら》が就任すると、左翼の転向者、転向共産主義者を多数採用し、これにより統制派軍人の理念は強化され飛躍した。そして思想的にはコミンテルンが唱える被圧迫民族解放―大東亜共栄圏建設の理念へと発展し、それが反米英への世論を高め日本をドイツに近づけ、太平洋戦争へと導くことにもなったのである。

2　対ソ戦の敗北から対日戦争（満州事変）へ

ソ連は表向きには北京の中央政府を中国代表と認めながら、内密に中央政府と対立する孫文《そんぶん》などの広東グループ、山西省の軍閥、馮玉祥《ふうぎょくしょう》などに力を注ぎ、各軍閥に援助を行っていた。それは、どの軍閥が権力を確立するか不明であったからであるが、これらの軍閥の中で国民党こそが、モスクワが策略を傾けるべき主役で、共産党が弱体な時期には国民党政府を支援し共産党を押さえた。

また、攻撃対象を資本主義国家のイギリスとし、日本に対しては軍事力に欠けるため慎重に対応していたことは、ソ連と国交を断絶した直後に中国の警察がソ連大使館に突入し、ストーブの中から摘《つま》み出した次の指令（一九二六年一二月）を読めば明らかであろう。

中国の国家的独立のための政党として国民党に有利になるように扇動を進めることが必要である。漢口《かんこう》事件に対して英国がとった立場を国民党の成功の証明、中国革命に対するヨーロッパ列強諸国の反対する力の弱さの証明として最大に利用すること。ヨーロッパが押しつけてくる無理難題、とりわけ英国の……（焼失）……に対する煽《せん》動《どう》を組織的にすることが必要である。……（焼失）……外国の干渉を呼び起こすために……（焼失）……いかなる手段も躊躇《ちゅうちょ》しない。ヨーロッパの軍隊と衝突した場合は、煽動のためこれを最大限に利用すること。目下の所は共産主義の宣伝活動をしないよう注意せよ。きわめて短時間の間に中国へ大軍を動員できる日本を孤立させておくことはとりわけ大切である。この目的のために、いかなる暴動が起こったときにも日本人住民が被害を被らないよう厳しい注意を払うことが必要である。しかしながら外国人に対する排斥運動に関しては、日本だけを除外すれば好ましからざる印象を生み出すおそれがある。それ故に、反英運動の形で外国人に対する排斥運動を行うことが必要なのだ（傍線筆者）。

一九二七年三月二七日に共産党が決起し上海臨時特別市政府を樹立したが、上海に入った蔣介石《しょうかいせき》は四月一二日に「四・一二反共クーデター」で、共産党員や労働組合の活動家をいっせいに逮捕した。五〇〇〇人の労働者と武装糾察隊は抵抗したが、コミンテルンの「武器を隠し国民党と協力せよ」との指示が出ていたため抵抗らしい抵抗もなく抑え込まれ、共産党員六万人の一〇分の一が殺害されたという。また、コミンテルンの指示で武漢《ぶかん》政府から共産党員が離脱したため、武漢政府も国民党政府に合流し一九二四年以来の第一次国共合作は崩壊した。

一方、蜂起せよとのコミンテルンの指示を受けた共産党軍が、一九二七年八月一日に南昌で蜂起《ほうき》した（この日を人民解放軍の建軍記念日としている）。次いで国民党政府軍が掃討作戦に出動し、広州《こうしゅう》に国民党の部隊がいなくなった一二月一一日に張太雷《ちょうたいらい》、葉剣英《ようけんえい》が指揮する第四教導団が蜂起し、広州ソビエト政府の樹立を宣言した。そして、いたるところで「労働者にパンを！」「農民に土地を！」「すべての権力を労働者、農民、兵士に！」といったロシア革命ばりのスローガンが叫ばれた。放火、略奪、虐殺が町全体に広がり、三日間で一五〇〇軒以上の建物が焼かれ約二三〇〇人が殺害された。蜂起中の全期間にわたって広州のソ連領事館が革命本部として使用され、領事館員が積極的に参加していたため、副領事アブラム・イサーコヴィチ・ハッシスを含め二一人が捕らえられ、直接関与した領事館員五人が銃殺され、ここに至り国民政府は一九二七年一二月一一日にソ連に対して正式に国交断絶を通告した。

一九二八年六月八日に蔣介石の指揮する国民革命軍が北京に迫ると、張作霖《ちょうさくりん》は総退却を命じ奉天《ほうてん》に向かったが、六月四日に奉天近郊で爆殺された。六月一五日には国民党政府軍が北京に入城し、国民革命軍の軍旗である青天白日旗が北京の空に靡《なび》き、一〇月一〇日には蔣介石が国民政府主席に就任した。張作霖の後を継いだ張学良《がくりょう》は一二月二九日に蔣介石に易幟《えきし》の通電を発し、満州全土に青天白日旗が掲げられた。辛亥《しんがい》革命一七年後に初めて形式的には中国全土が蔣介石の国民党政府のもとに統一されたのである。

張学良は一九二九年五月二七日に、ハルピンのソ連領事館でコミンテルンの秘密会議が開かれたとの口実で、ソ連領事館を強制調査し中国人やロシア人の共産党員三九名を逮捕し、中東鉄道を接収しロシア人職員を追放した。ソ連は直ちに激しく処分撤回を申し出たが、応じないと国交断絶を通告し、一九二九年一〇月一二日には綏芬河《すいふんが》、黒龍江《こくりゅうこう》・松花江《しょうかこう》などで攻勢に出たが、一一月一七日夜から総攻撃を開始し満州里《まんしゅうり》を占領、さらに東支鉄道沿線部分を占領し、張学良軍は満州里だけで戦死一五〇〇名、捕虜九〇〇〇名の損害を出してしまった。

張学良は父の張作霖が爆死すると反日感情を高め、一九〇五年一二月二日にロシアが保有していた満州鉄道や資源などの権益を日本に譲渡することに同意した「満州善後条約」に違反し、満州鉄道に平行な鉄道の敷設を開始するなど、反日政策を進めた（これが満州事変の一因ともなった）。さらに張学良は対ソ戦に敗北すると日本人や朝鮮人を満州から追放しようと動いた。一九二九年には「新鉱業法」や日本人や朝鮮人に土地を貸したり売った者を国土の盗売者とする「盗売国土懲戒令」を制定し接収した。各地で日本人や朝鮮人への迫害事件が起こり、その数は大小二六〇〇件にも及んだが、主対象は朝鮮人に向けられ追放される時には男子は殴打、婦女子は強姦《ごうかん》、家財道具一切は掠奪《りゃくだつ》、集落の長は逮捕というのが常套《じょうとう》で、満州事変直後の奉天監獄には五三〇人の朝鮮人が収監されていた。

3　満州事変と列国の反応

関東軍は満鉄線の爆破を口実に軍事行動を開始し、五日間で遼寧《りょうねい》・吉林《きつりん》二省の大半を占領、一九三二年二月までにはほぼ東三省を占領し、事件二ヵ月後には張景恵《ちょうけいけい》を委員長に、東北行政委員会を新編した。さらに一九三二年三月一日には満州王朝の愛新覚羅《あいしんかくら》溥儀《ふぎ》を皇帝とし、参議府、国務院、最高法院長など総《すべ》てを満州人で新編し新国家を樹立、相互防衛のための軍隊の駐留を認めさせる「日満議定書」を交換するなど素早かった。

また、満州事変は日本に最適な国際環境を提供していた。不承認の「スチムソン宣言」を発したアメリカは、大不況の痛手にあえいでいたうえ、世界市場をめぐりイギリスとの利害が対立していた。このため事変後に中国から借款供与、余剰軍需品の供与、空軍教官の派遣などの申し出があったが、日本を刺激することごとく拒否し、奉天総領事館を閉鎖することもなく満州国との間でビザの発行、輸出入業務などを日本に次いで満州国を承認したエルサルバドルを経由して継続し、対満貿易も増加し欧米諸国の中ではドイツに次ぐ輸出国となっていった。

一方、イギリスは中国に多くの権益を持ち、不法なボイコットに悩まされていたこともあり、駐日大使フランシス・リンドーレは中国が国際連盟に提訴すると、九月二〇日に「中国の提訴を考慮するにあたって、わが政府は当然、中国人が満州で挑発的な政策をとり、そこで条約上の権利にもとづいている日本の地位を公然と覆そうと試みてきた事実、また日本の満州における行動がイギリスの満州における利害に有利に反応する可能性を重視すべきである」と進言した。

また、外務省極東局長のジョン・T・プラットは「日本は中国の愚行の結果、ロシアと戦争をして国家として興廃をかけさせられた。日本はその戦争に勝って南満州におけるロシアの地位を継承し、その地位の保持をその国家的生存にとって致命的であると考えてきた」。「日本の満州における地位が変則にせよ、不正にせよ日本はそこに止《とど》まりはじめた。列強の制裁と支那貿易の損失と満州における経済的利益の崩壊によって満州や中国が衰退すれば、ボルシェヴィズムの中へ沈むであろう。そして満州は支那本土が最近二〇年間陥っているような混沌《こんとん》と無秩序状態に陥るであろう。連盟は自分で満州統治の責任を引き受けることによってのみ、このような結果を避けることができるが、明らかに連盟にはそのような統治はできない」とのメモを残している。

ソ連政府もスターリン派とトロツキー派の長い闘争が終わって、第一次五ヵ年計画が緒についたばかりであり、統制経済に対する国民の不満も強く到底日本とは戦えない状況にあり、スターリンは一九三一年九月一四日に「日本に対しては、もっと慎重になる必要がある。しっかりと揺るぎなく自分たちの立場に立つ必要があるが、戦術はより柔軟でなければならない。……攻勢の時はまだきていない」と強硬論を押さえ、満州に駐在する外交官にリットン調査団との協議を避けるよう指示していた。

また、一九三一年一二月にフランス大使の芳澤謙吉《よしざわけんきち》が外務大臣就任のため帰国途次のモスクワ通過の際、外務人民委員マクシム・リトヴィノフが日ソ不可侵条約を提示したが、一九三二年には東清鉄道を満州国との共同経営とし名称を「北満鉄路」に変更、さらに一九三五年三月には全利権を満州国に売却した。満州帝国は一九三二年九月一五日に日本が、一九三四年三月にはエルサルバドルが承認し、一九三四年九月にはローマ法王庁が承認。次いで一九三七年一二月にイタリア、スペイン、一九三八年初めにはポーランド、三九年一月にはハンガリー、一九四〇年一二月には中国の汪兆銘《おうちょうめい》政権、一九四〇年一二月にはルーマニア、一九四一年八月にはタイ国が承認し、最終的には一五ヵ国が正式に承認し、当時の世界の三分の一の国々が承認した。中国国民政府も一九三四年一二月には満州帝国と通郵協定、設関協定を締結するなど中国は偽満州国としているが国際的には承認された国家であった。

4　「リットン調査団報告」を読み直す

満州事変に関し国際連盟が作成した「リットン調査団報告書」は、満州事変を批判した報告書と受け止められているが、報告書は事変前後の中国の実情について実証的に分析し、そこには最新の暴動に類似した事象がかなり見受けられるので、リットン調査団報告の対日ボイコットと二〇一二年の尖閣《せんかく》問題から発生した反日暴動の類似点を検討してみたい。

リットン報告は「ボイコット」はもともと中国社会の数世紀に亘《わた》る歴史的な報復手段であり、全国的なボイコットだけでも二〇世紀に入ってからも日英などに対し一〇回ほど生起したが、一九〇九年の安東奉天線問題を除き、九回は日本が対象であった。

一九〇八年　(日本)　北辰丸事件
一九〇九年　(英国)　安東奉天線問題
一九一五年　(日本)　対華二十一ヵ条
一九一九年　(日本)　ベルサイユ講和会議の山東問題

一九二三年（日本）旅順・大連《だいれん》回収問題
一九二五年（日本）五・三〇事件
一九二七年（日本）山東《さんとう》出兵
一九二八年（日本）済南《さいなん》事件
一九三一年（日本）満州事変（萬宝山及び奉天事件）

国民主義（原文はNationalism）はいかなる国にも存在するが、一九二五年以降のボイコットは国民党が排日ボイコットによりナショナリズムを高揚し党の支持拡大に成功したため、学校ではナショナリズムの建設的よりは否定的な面に教育の力点が注がれ、「愛国心ヲ燃スニ憎悪ノ焔《ほのお》ヲ以テシ、男性的精神ノ育成ヲ虐待ヲ受ケ居レリトノ意識ノ上ニ置クコトニ努メタ」。この結果、学校教育で植え付けられた感情が学生を煽《あお》って政治運動に向かわせていると報告しているが、今回の尖閣をめぐる反日暴動も上海事件以降の「対日ボイコット」運動と変わりない。一九九四年九月に共産党中央宣伝部から「愛国主義教育実施要綱」が出され、愛国教育を強化したため「憤青（怒れる若者）」の破壊行為が爆発したものである。

ボイコットは対象とした国家の商品の販売停止であったが、徐々に範囲を拡大し中国商品の輸出拒否、中国人の日本関係の会社などでの労働拒否に拡大、最近では日本との「総テノ経済的関係ヲ完全ニ断絶スルニ至レリ」と報告している。

また、ボイコットの今ひとつの特徴は、日本製品の輸入を阻止し国産品を買わせ、自国の産業を育成するためでもあり、その「主タル成果ハ」上海における日本人経営の紡績工場を「犠牲トセル支那ノ紡績工業トナレリ」と書かれている。このボイコットの歴史が教える遺訓は、紆余《うよ》曲折はあるかもしれないが、ことあるごとに暴動的デモが繰り返され最終的には総ての日本企業一万四三九一社と、日本人一三万人（二四年九月末）が退去するまで続くのではないか。

二〇一二年の暴動の背景となったのは尖閣問題への妄信とも言える誤解、中国の国力が日本より勝っているという対日優越感などが指摘されているが、韓国の李明博《イミョンバク》大統領が竹島を訪問するなど強硬策を行っているのに、習近平《シィジンピン》主席が弱腰であるとの党内保守派に押され、デモを容認・推奨し警察や治安部隊が指揮を執り、場所によっては日当が支払われたとの説もあるが、これも上海事件時の中国の対応と変わっていない。前述のマクマレー元駐華公使は「中国人は常にある特定の指導者と組んで権力を握った連合勢力は、そのリーダーに忠実な少数派と、そうでない多数派とに分裂する。多数は新しい勢力を結集して指導者が権力を持ち過ぎないように失脚させ入れ替えるのである」と分析していたが、太子派とか共青団派とか、上海派、重慶《じゅうけい》派、瀋陽《しんよう》派などの権力闘争を見れば、理解できるであろう。

5　国共内戦とコミンテルン

盧溝橋《ろこうきょう》事件の六日後に共産党機関誌『プラウダ』は日本の行動を激しく非難するとともに、帰国中のボゴロフを急遽《きゅうきょ》帰任させ、一三日には外交部長の王寵恵《おうちょうけい》に「中ソ不可侵条約」を提案し、中ソの国交回復は満州事変を契機として進み、一九三二年一二月には顔恵《がんけい》慶《けい》全権とセルゲイ・リトビノフ外相が、中ソ国交回復に関する共同宣言を発した。

しかし、一九三五年三月には中国の抗議を無視して中東鉄道を満州国に売却し、一九三六年三月には中国領と認めていた外蒙古《がいもうこ》の独裁者チョイバルサン政府と相互援助条約を締結するなど裏切り続けていた。蔣介石も「日本が求める共同防共が共同してソ連に当たるというものでなく、また中国共産党の連ソ抗日も決して中ソ両国が連合して日本に当たるものではない。日ソ両国は同じ穴のムジナである」。共産党の掲げる「抗日救国の主張は、明らかに抗日の全面戦争を引き起こし、共産党が抗日陣営の背後で軍備を拡充し機を見て政府を打倒し、全中国を支配しようとしている」として応ぜず、共産軍討伐戦を優先したため共産党は壊滅寸前に追い込まれた。

しかし、ここに奇蹟が起こった。共産軍の撃滅作戦を督促するために西安を訪れた蔣介石が、一九三六年一二月一二日に張学良に捕らわれ軟禁されたのである。蔣介石が軟禁されたとの知らせを受けると、スターリンは周恩来《しゅうおんらい》に電報を打ち「張学良では器量不足だ。

張学良では抗日戦を指導できない。中国共産党も将来は別として、いまの時点では抗日戦を指導する能力はない。蒋介石は憎むべき敵ではあるが、中国では唯《ただ》一人の抗日戦の指導者であり、抗日戦となれば中国共産党を合作者として容《い》れるだろう」と国共協力を指示した。この指示に毛沢東《もうたくとう》は「烈火の如く激怒したが」従わざるを得なかった。そして、ここに第二次国共協力体制がソ連の介入で合意された。しかし、合体条件などをめぐって交渉は進展しなかった。

一方、一九三五年七月から八月にモスクワで開かれた第七回コミンテルン大会で、あらゆる政党や組織と協力する「反ファッショ人民戦線戦術に関する決議」が採択され、ゲオルギ・ディミトロフ（ブルガリア人）の中国に「広範な抗日統一戦線」を構築すべきであるとの動議が可決されると、これを受け中国では国民党と共産党により一九三七年九月に抗日民族統一戦線が結成され、一九三七年七月七日に盧溝橋事件が勃発《ぼっぱつ》すると、八月一日には「抗日救国」のために内戦を中止し、全中国人が抗日戦に結集すべきであると、共産党から「八・一宣言（抗日救国のために全同胞に告ぐる書）」が発せられ、上海抗日救国大同盟など三〇を超える団体が一斉に「内戦停止」「一致抗日」を訴えた。

第二次国共協力体制が合意されると、孫科《そんか》（孫文のソ連派の長男）、宋慶齢《そうけいれい》（孫文の未亡人）を始め、多くの共産党員が影響力を再び取り戻し、蒋介石によって抑えられていた左派勢力が影響力を取り戻し、国民会議（議会）の委員構成も共産党と国民党でほぼ平等に分けられた。投獄されていた共産党員や煽動者が釈放され、汪兆銘や何応欽《かおうきん》などの国民党右派の政治家や軍人は影響力を失っていった。

その後、一九三八年七月に蔣介石のもとに派遣されていたドイツ軍事顧問団が引き上げ、ドイツからの武器の供給が止まると蔣介石は孫科をモスクワに派遣しソ連に接近、ソ連からの武器購入が活発化した。一九四一年はじめの時点で一四〇名の軍事顧問と軍人が作戦計画の作成、軍事訓練だけでなく、一九四〇年一一月から四一年六月に限っても、航空機二五〇機が供給されロシア人パイロットが操縦する八ケ飛行隊が対日戦争に参加し、日本機九八六機を撃墜あるいは撃破した。これはソ連義勇軍パイロットの「頑強な努力」によるものであったとソ連の史書には記されている。しかし、この支援も日ソ中立条約が締結されると停止した。ソ連が中国を捨てて日ソ中立条約に応じたのは、関東軍のシベリアへの圧力を減じたいという国益が働いたためであった。

このように中国はソ連に利用されたが、ソ連科学アカデミー極東研究所が編纂《へんさん》した『中国革命とソ連の顧問たち』には、ソ連の指導や援助が極めて誠実で有効であったと次のように書いている。

「中国革命は民族的・社会的解放を目指す中国人民の闘いを重視するソビエトの人々から、誠意あふれる道義的・政治的支援に依拠《いきょ》してきた」。また「孫文政府の要請で中国に派遣された経験豊かな政治活動家や軍人たちは、革命政権の顧問として、華南《かなん》における革命の成果を守りぬくのを助けた」。「今日、ブルジョア歴史学がいかに歪曲《わいきょく》しようとも、また民族主義的気分に満ちた中国の歴史家が、中国革命におけるソビエト人の役割や、彼らが占めた地位をいかに抹殺しようとしても、彼らの無私な援助は両国人民の友好と連帯の模範として、中国の広範な大衆の胸の中にいつまでも残っている」。（中略）「ソビエト国家の使者たちは、資本主義西方の代表たちと異なり、中国人民の民族的感情を大切に扱った。レーニン在世中も彼の死後も、ソビエトの人びとは中国革命にみずから参加することで、プロレタリア国際主義の本質、世界革命運動の不可分性、ソ連と中国の労働者の利益の一体性を身をもって示した」。

一方、人民戦線戦術でフランスやギリシャに人民戦線政府が誕生し、スペインでフランコ政権と人民戦線の戦いが始まり、ソ連が武器援助など人民戦線政府を支援すると、ローマ法王ピウス一一世は共産主義に危機感を抱いていたので、一九三七年八月一三日に第二次上海事件が勃発すると、翌一四日には次のような「日本への協力宣布」を発し、日本は防共戦争を戦っているので、世界のカソリック教徒は日本に協力せよと布告した。

①日支双方は負傷者を保護すること
②日本の文明擁護の意図を支那が諒解《りょうかい》の必要あることを説き、同時に外蒙よりする兇暴《きょうぼう》なる影響を駆逐すること
③支那領土は厖大《ぼうだい》なるを以て容易に日本の勢力を吸収し得ること
④共産主義の危機が存する限り遠慮することなく、日本を支援すべきこと

防共精神の立場で日本と完全協力
ローマ法王庁の指令

ローマ法王ピオ十一世

【ヴァチカン・シチー特電十四日発】

日本援助を闡明（米カソリック教徒）

【ニューヨーク特電十四日発】

御着

名誉の戦死傷者

朝日新聞　1937年10月16日東京夕刊

しかし、この宣布は日本海軍がミッドウェー海戦に敗れると、日本の敗北を予想したのであろうか、誤報であったと否定されてしまった。

ニューヨークの総領事館に全米カソリックの代表が来訪し、「全米二五〇〇万カソリック教徒は団結し支那の赤化、支那とソビエト・ロシアとの提携に対して日本に味方する決心である。アメリカには約二五〇〇万のカソリック派の宣伝機関があるが、それらの機関が一致してアメリカの日本製品不買運動、その他に対して日本の味方として反対運動を起すであろう」と申し出たとの記録もあるが、しょせん歴史は「勝てば官軍、負ければ賊軍」なのである。

6　過激化する中国のナショナリズム

クローデルやマクマレーが具体的に示しているように、中国はあらゆる機会を利用して現状維持を攻撃した。顧維鈞《こいきん》などに代表される中国の外交官は、ワシントン体制を支えていた条約や国際法を、中国特有の「口舌力」を利用して巧みに解消し、革命派は条約の破棄を実力で実現し諸外国と対決した。過度のナショナリズムが行き過ぎた行動となり、現状維持を規定したワシントン体制を掘り崩していったのである。

ナショナリズムの高揚にともない、一九二八年六月に蔣介石の北伐軍が北京に入ると、総ての不平等条約の破棄を宣言し、日本に対しては日清戦争以降に締結した総ての条約の無効を通告するなど、中国は国際条約を次々と不法に解消していった。

しかし、このようなワシントン体制を崩壊する中国の動きに対して、アメリカはアメリカのイニシアティブで始めたワシントン体制が崩壊しつつあるにもかかわらず、見て見ぬ態度の不干渉政策や緩和的な対応に終始し、それがさらに中国の不法行動をエスカレートさせた。中国の排外運動は、一九二五年の上海の日系紡績工場から始まり、香港港湾スト（一九二五年）、博県事件（一九二六年）、漢口英国租界事件（一九二七年）と続いたが、最初はイギリスを対象としたものであった。

このような事件に対して、日本は不介入政策を維持した。特に一九二八年の国府軍の北

排日・利権侵害事件数（1927〜40年）

権益侵害	20	邦貨搬入阻止	6
軍隊・軍人攻撃	18	不当課税	6
艦船攻撃	11	商品などの不法拘留・不当没収	33
邦船不法臨検	6	立ち退き・事業中止要求	10
営業妨害	15	暴行傷害	31

伐行動時に生じた在留邦人や領事館員に対する暴行や略奪があった「第一次南京事件」では、英米から軍事介入を要請されたが、かたくなに拒否し介入することはなかった。しかし、中国のナショナリズムの高揚やコミンテルンの策謀による過激な国権回復運動から、権益の侵害、邦貨搬入阻止や没収、邦人の不当抑留、不法な立退きや事業中止要求、日貨不買の営業妨害、暴行傷害などによる被害が表に示すとおり増加していった。

特に、第一次南京事件以降は排外運動の矛先がイギリスから日本に変わり、蘇州《そしゅう》、鎮江《ちんこう》、蕪湖《ぶこ》、九江《きゅうこう》、南昌《なんしょう》、漢口、長沙《ちょうさ》、常徳《じょうとく》、宜昌《ぎしょう》、沙市《さし》、重慶、成都《せいと》、万県《まんけん》などから約三〇〇〇人の日本人居留民が、営々として築いてきた財産を棄てて、着の身着のまま引揚げなければならなかったが、日本人の中国への反感、敵愾《てきがい》心を極度に高めたのが通州《つうしゅう》事件であった。

一九三七年七月二九日に冀東防共自治政府の保安隊（中国人部隊）が日本人居留民の家屋を襲撃し、在留邦人三八五名中二二三名を虐殺したのである。この事件が中国への反感を高め「暴支膺《よう》懲《ちょう》」を加速し増幅されたが、東京裁判ではウェップ裁判長により却下されている。

東京朝日新聞 夕刊

恨み深し！通州暴虐の全貌
【天津にて田中特派員二日發】

第二次事件費追加豫算
五億圓突破は必至
一兩日中に查定終了

保安隊變じて鬼畜
罪なき同胞を虐殺
銃聲杜絶え忽ち掠奪

宛ら地獄繪卷！
鬼畜の殘虐言語に絶す

敵の亂射亂擊に
我銃砲彈燒失
豊台・通州事件 陸相説明

追加豫算二千萬圓
けふ衆議院を通過

豫算總會可決

朝日新聞　1937年８月４日東京夕刊

　しかし、ワシントン体制がなぜ崩壊したのであろうか。それは中国によって高められた反日感情や、中国に対するアメリカや欧州諸国の同情や中国市場への期待、特に親中国派の宣教師、学者やジャーナリストなどが作り上げたアメリカ人の日中に対するイメージの相違にあった。一番大きな影響を与えたのはアメリカ、特にウィルソンやルーズベルト大統領の共産主義への誤解であり、ルーズベルト政権には[1]ピンコとか[2]フランクフルト学派の隠れ共産主義者が採用され、ルーズベルトを対日戦争へと誘導したことであった。

　ルーズベルトの日米開戦の責任に関し、アメリカでは一九四八年にチャールズ・ビーアドの『ルーズベルトの責任』がエール大学から出版され、ルーズベルトの側近ハミルトン・フィッシュが一九七六年には『ルーズベルト・コインの裏側―如何にわれわれは騙されて戦争を始めたのか』が出版された。しかし、日本では関心が任く前書が日米開戦七〇周年を迎えた五三年後の二〇一一年、後者が一九八四年に岡崎久彦《おかざきひさひこ》により摘訳として『日米・開戦の悲劇』として、全訳は渡辺惣樹《わたなべそうき》により二〇一四年に出版された。しかし、これらはすべて修正史観であり、大東亜戦争の正史は日本が中国への侵略戦争を進め、日米交渉でルーズベルトを騙《だま》し真珠《しんじゅ》湾を奇襲したので、アメリカが正義のために立ち上がったという戦勝国の東京裁判史観であり、それが世界史なのである。この史観を否定する者には修正主義者のレッテルが貼られ、日本だけでなく欧米の史学会でも排斥され続けている。

　今、日本は中国・韓国・ロシアの三国、さらにアメリカやＮＡＴＯなどの西洋諸国からも歴史戦争を仕掛けられているが、この歴史戦争にいかに対処すべきであろうか。また、自虐史観に苛《さいな》まれた日本から自虐史観を払拭《ふっしょく》する対策があるであろうか。その対策は中国に倣い東京裁判研究所を設立し、正しい史実を学術的に究明し世界に発信することである。世界から歴史学者を招聘《しょうへい》し、学術的な東京裁判シンポジウムを開催し、連合国の戦争犯罪を日本を裁いた極東国際軍事裁判（東京裁判）の条例で討議し、その非を発信し続けることである。多くの人は今さら連合国の非を責めても何になるのか、昔の話ではないか、どうにもならないのではないかとの心境だと思う。しかし、歴史を正さなければ日本の精神的復興は久遠に出来ない。歴史問題は国家の名誉、尊厳の問題であるだけでなく、国家存続の問題だからである。チェコスロバキアの作家ミラン・カズンズは「一国の人々を抹殺しようとするならば、まず、その記憶を消す。書物を消す。歴史を消す。文化を消す。誰かに新しい書物を書かせ、文化を作らせ歴史を作らせる。人々はやがて自分の国の過去も現在のことも忘れ始める」と書いているが、日本は今、この危機に直面している。歴史を壊された民族が国家観を失い消滅することは、ソ連に併合された中央アジアの国々や中国に併合された内蒙古、ウイグル自治区、チベットなどの現状を見れば明らかであろう。

（注）

1　ピンコ「左翼的思想の人」、「穏健な共産主義者」などで、一九二六年に雑誌『ＴＩＭＥ（タイム）』が左翼陣営を批判するときにPinko PressやPinko Intellectualsなどと、軽蔑の意味を含んだ意味で使われたのが最初である。

2　フランクフルト学派　一九一八年のハンガリー革命に失敗したジョルジ・ルカーチはソ連に亡命し、革命を成功させるには宗教、家族、道徳、伝統、文化、性的節度、愛国心などを根底から破壊しなければならないと主張、この思想はフランクフルト大学社会研究所のユダヤ系ドイツ人マックス・ホルクハイマー教授に引き継がれた。この信奉者がフランクフルト学派と呼ばれるマルクス主義者で、ヒトラーの弾圧が始まるとアメリカに逃れコロンビア大学の援助を受け、表立ってマルクス主義の用語も使わないことから共産主義を嫌うアメリカでも受け入れられ流布し、ルーズベルト政権や米戦略研究所（OSS）などに多数採用された。

第12章　第二次世界大戦とドイツ要因

1　自主軍備の強化とドイツへの接近

日英同盟を破棄され孤立した日本は、自主軍備の道を歩まなければならなかった。日本海軍の戦略策定に大きな影響を与えた佐藤鉄太郎《さとうてつたろう》中将は、日英同盟が解消されると、「同盟と言い協商と言うものは自己の利益に基づく協商を本とするもので、決して純な精神的結合ではない。従って利害関係に異同を生ずるに至れば、殆《ほとん》ど何の会釈もなく手の掌《ひら》を反《はん》するように昨日の友を捨て」と書いた。そして、「自ら実力を備えざるものは孤立と自立の力なく同盟に拠《よ》る時は単に同盟国に利用せられて自ら之《これ》を利用すること能《あた》わざるべし」と自主独立した軍備の必要性を主張した。

また、第三特務艦隊司令官としてシンガポールに派遣され、海上交通保護作戦に従事した財部彪《たからべたけし》中将（のちに海軍大臣、大将）は、日英同盟が解消されると「国際条約ハ形式ノミ。邦家ノ利害関係ニ依《よ》リ去就ハ決セラル。……国際条約ニ実力伴ハザレバ何ノ役ニ立ズ」。ルクセンブルグやベルギーがドイツ軍に蹂躙《じゅうりん》されたのは、その好例ではないかと自主独立軍備の必要性を訴えた。

一方、日本人にとりパリ講和会議時のオーストラリアの反対による人種差別撤廃条項の否決、日本を仮想敵国としたジェリコ報告の公表、ワシントン条約締結時の英米の結託ともとれる差別的軍備の比率、中国における権益をめぐる利害の対立、さらに日英同盟の破棄と、その直後に始められたシンガポールの築城などが国民を憤慨させ、「忘恩の国イギリス」とのイメージを植え付けてしまった。

特に、オーストラリア警備作戦に参加した隊員には、人種差別の記憶や筑波《つくば》砲撃事件、地中海に派遣された隊員には「英国の奴隷だとか、我々はまるで英国の傭兵《ようへい》だ」などの屈辱的な思い出や不満が表面化した。そして、親英的であった海軍に反英感情が高まっていったが、その理由を海軍の部内資料は次のように説明している。

「世界大戦迄ハ英国ハ遺憾ナク日本ヲ利用シタ。帝政露国ノ支那侵略ニ対シテモ、印度《インド》ノ独立運動抑圧ニモ、支那ノ排外運動阻止ニモ、将《は》タ又英国艦隊ノ北海集中後ニ於ケル自治領ノ警備ニモ、凡《あらゆ》有ル機会ニ日本ノ兵力ト好意ヲ駆使シタ。然ルニ一度講和トナルヤ其《そ》ノ態度ハ俄然《がぜん》一変シテ卓上ヨリ零《こぼ》レ落チル『パン屑』サエモ日本ノ手ニ落チルヲ拒ンダ。夫《それ》ハ巴里《パリ》講和会議ニ於ケル日本ノ孤立無援トナリ、華府《ワシントン》会議ニ於ケル五・五・三ノ海軍比率ノ強要トナリ、山東《さんとう》半島ノ返還トナリ、日英同盟ノ破棄トナリ、九カ国トナリ、遂《つい》ニハ近年ニ於ケル日本貿易ニ対スル全面的悪性迫害トナッテ顕ハレタノデアル」。

しかし、ワシントン会議全権の加《か》藤《とう》友《とも》三郎《さぶろう》海軍大臣は会議中に、今後は文官大臣制度が出現するであろうが、「之ニ応スル準備ヲ為《な》シ置クヘシ。英国流ニ近キモノニスヘシ」とワシントンから伝言を発したことが示すとおり、日本海軍はドイツよりもイギリスに親近感を感じていた。しかし、日英同盟の解消がこの流れを変えて行った。

日英同盟が解消され留学先をイギリスから閉ざされると、日本海軍は留学先や技術導入先を徐々にドイツへと変えていった。一八六八年（明治元年）から日英同盟が破棄される一九二三年までにドイツに派遣された武官、監督官や留学生は七三名（将官に昇任した者四二名）であったが、イギリスに派遣された士官は四五七名（将官昇任者三三〇名）と将官に昇任した者が約七・八倍に達していた。しかし、日英同盟が破棄された一九二三年から一九四〇年までのドイツへの派遣者は一五五名（将官昇任者五〇名）に達したが、イギリスへの派遣者は一七二名（将官昇任者九六名）と低下し、一九三〇年代後半には海軍中枢に親独派が増え影響力を強めていった。

そして、日本の命運を決する分岐点ともなった一九三九年から四〇年には、軍令部総長の伏見宮博恭王《ふしみのみやひろやすおう》元帥をはじめ、軍令部次長の近藤信竹《こんどうのぶたけ》中将、小島秀雄《こじまひでお》大佐、山本善雄《やまもとよしお》大佐、横井忠雄《よこいただお》大佐、藤井茂《ふじいしげる》中佐、柴勝男《しばかつお》中佐などのドイツ留学者や、ドイツ訪問時にシンガポールでスパイ容疑を受け、ドイツでは大歓迎を受けて親独派になった石川信吾《いしかわしんご》大佐などに代表される親独勢力が、海軍中枢に大きな比重を占め、日本海軍の開戦意志決定に大きくかかわることになってしまった。

また、親英派の海軍をドイツに結びつけた要素に、技術力が戦力に大きな影響を与える

海軍の留学生派遣先（総合計は大佐以下を含む）

時期	日英同盟解消前				日英同盟解消後			
国名/階級	大将	中将	少将	総合計	大将	中将	少将	総合計
イギリス	25	158	147	457	6	39	51	172
ドイツ	11	13	18	73	3	8	39	155
アメリカ	14	32	33	120	2	30	50	163

海軍の特質も影響した。これは三国同盟条約が調印される三週間前の四相会議に提出した「軍事同盟交渉ニ関スル方針案」に、「日独提携強化ニ対処スル基礎要件」の一つとして、「独伊ハ皇国ノ必要トスル技術ノ援助及航空機、機械類化学製品等ノ供給ヲ為ス」ことを明記させ、三国同盟締結時の交換公文に「如何《いか》ナル危局ニ対シテモ充分備ウル所アラシムルタメ、自国ノ工業能力並ビニ其ノ他ノ技術的及ビ物質的資源ヲ能ウ限リ日本国ノタメニ使用スベシ」と書かせたことでも、日独接近がドイツ技術への期待にあったことが理解できるであろう。このように日英同盟の解消や日中戦争の拡大により技術の導入先を失った日本海軍が、ドイツ技術に期待し三国同盟締結への動きを加速し、海軍を太平洋戦争へと導く大きな要因を与えたのであった。

2　日本参戦へのドイツの策謀

ドイツ海軍駐日武官のポール・ベネカー大佐は、一九四〇年一一月二三日に海軍参謀総長オット・シュニューヴィン大将に次のような上申をした。

ドイツにとり最も重要な目標はイギリスの屈服であり、日本のシンガポール攻略こそ勝利への第一歩である。アメリカが参戦しても鉾先《ほこさき》が専ら日本に向けられることは確実であり、このため日本を扇動して南方への攻勢をとらせるよう全力を傾注すべきであると考える。日本陸軍の首脳もこの見解に反対ではないので、海軍の説得さえ成功すれば、南方へ進出することへの障害は総《すべ》て除去されるであろう。

このベネカー大佐の上申や地中海における戦況の不利などから、ドイツ海軍総司令部は一九四一年一月一四日に、「三国同盟と日本」との覚書をヒトラーに提出した。そして、一月二九日には国防軍最高司令部統帥局長ベルナール・ヨーデル上級大将がヒトラーに、日本が参戦しシンガポールを攻略するならば、軍事上、経済上、また心理上決定的に重大な意義をもたらすであろうと報告し、二月一五日にはヒトラーから日独共同作戦に関する指針の起案が命ぜられている。

一方、二月二三日にヨハシム・フォン・リッベントロップ外相は、着任早々の駐独大使大島浩《おおしまひろし》大佐に、日本は自らの利益のためにも可及的速やかに参戦すべきだと誘い、決定的打撃はシンガポール攻略であり、講和条約締結までに東南アジアの資源地帯を確保することが、日本の国益や新秩序建設のためにも必要であると日本の参戦を促した。また、アメリカが参戦し艦隊をアジアに派遣するほど軽率ならば、すべての仕事は日本艦隊が片付けるであろうと確信していると述べた。

また、リッベントロップ外相からあらゆる手段を用いて、日本にシンガポール攻略を説得せよとの指示を受けたオイゲン・オット大使（元陸軍駐日武官・陸軍少将）は、三月四日に陸軍参謀総長杉山元《すぎやまげん》大将を訪問し、次のように要請した。

対英上陸作戦の準備は整い「決行の時期は一に総裁の決定を待つばかりである。ドイツが対英決戦を開始するこの好機に、日本がシンガポールを攻撃するのが良いのではないかと存じます」。日本軍のシンガポール攻撃は「ドイツとして大いに感謝するところであり、日本としても有利であろうと考えます。

さらに、三月五日にはヒトラーから日本を可及的速やかに極東で積極的行動を取らしめなければならない。イギリスの極東における要衝シンガポールの奪取は日独伊三国の戦争遂行にとって決定的な成果を意味するとの、総統指示第二四号「日本との協力について」が下達され、日本に対してシンガポール攻略を勧告するよう指示された。赤軍情報部員であったゾルゲの尋問調書によれば、この指示を受けた駐日ドイツ大使館では、連日一週間にわたりオット大使を中心に、日本軍のシンガポール攻略図演を実施し、その結論をもとに日本側を説得したという。

ドイツから南進を勧誘された日本陸海軍に南進熱が高揚した。そして、一九四一年六月には、親独派の海軍省軍務局第二課長石川信吾大佐の積極的なイニシアティブにより、仏印に対する軍事的進出は一日も速に断行するを要すとの、「現情勢下ニ於テ帝国海軍ノ採ルヘキ態度」が海軍第一・第二委員会で決定された。さらに七月二八日には南部仏印に進駐し、アメリカから在米日本資産の凍結、八月一日には石油の全面輸出禁止を受けてしまった。オランダ領インドネシアからの石油の輸入交渉も、米英を後ろ盾とするオランダに拒否され、このA（アメリカ）B（イギリス）C（中国）D（オランダ）の連携の前に、日本海軍部内には「石油ジリ貧」論が高まり、この南部仏印進駐が日米開戦へと導いてしまった。

3　南進から北進への急旋回

ドイツは対英上陸作戦を断念し、東方戦線でもソ連の強硬な抵抗を受けると、オット駐日大使に日本に対ソ参戦を要請するよう訓電した。一九四一年六月二二日夕刻にオット大使から独ソ開戦の通知を受けると、松岡洋右《まつおかようすけ》外相は翌二三日には単独、独断で参内し「独ソが開戦した今日、日本もドイツと協力してソ連を討つべきである。この為には南方は一時手控えた方がよい」と上奏した。そして、六月二五日、二七日の連絡会議で強硬に対ソ参戦を主張したが、特に二七日の連絡会議では「独ソ戦争は短期に終る、秋又は本年中には独英戦は終る、過度に形勢を傍観するのは不可」。「虎穴《こけつ》に入らずんば虎児を得ず」と主張した。

一方、ドイツも日本の進路を南進から北進へ変更しようと活発な活動を開始した。六月二八日にリッベントロップ外相の指示を受けたオット大使は、三〇日に松岡外相を訪れ、現情勢は日本にとって唯一無二の好機であり、シンガポールを含む南方進出の準備が整わぬ以上、躊躇《ちゅうちょ》することなく対ソ開戦を強行し、「可及的速ヤカニ」ウラジオストクを占領し、出来るだけ「深ク西方ニ突進ムコト刻下ノ急務」であり、寒気到来前に東方に向かって進撃中のドイツ軍と「途中ニ於テ出会ヒ」、ソ連の脅威を永久に除去すべきである。ソ連邦が一敗地に塗《まみ》れた後に、日本が行動を起こすことは道義的および政治的地位を著しく害するであろうと対ソ参戦を要請した。

この参戦要請に松岡外相は六月三〇日の第三六回大本営・政府連絡会議で、「帝国ハ参戦ノ決意ヲセザルベカラス。南ニ火ヲツケルノヲ止メテハ如何《いかん》。北ニ出ル為ニハ南仏印進駐ヲ中止シテハ如何」。「英雄ハ頭ヲ転向スル。我輩ハ先般南進ヲ述ベタルモ、今度ハ北方ニ転向スル次第ナリ」と南進から北進へと急旋回した。

さらに七月一日にはリッベントロップ外相から松岡外相個人に、七月五日にはリッベントロップ外相から、松岡外相の日ソ中立条約締結直後の発言（独ソ開戦の場合に独側に立って参戦する）を引き合いに出し、対ソ戦に引き入れるようオット大使に指示が発せられた。そして、この指示を受けたオット大使以下の館員はさまざまな策動を行った。アルフレート・クレッチマー陸軍武官はソ連極東軍の多数が西部戦線に送られ、ロシア軍捕虜の中にはシベリア部隊所属のものがいるとの情報を流した。またオット大使は空軍武官補佐官ネーミック少佐に、極東ソ連には日本を空襲できる新鋭航空機は五〇機程度しかないとの文書を書かせ、それを松岡外相に手交したという。

このような情勢に六月二五日以降、日曜日を除いて連日、大本営政府連絡会議が開かれたが、七月二日に至りしばらく介入することなく密《ひそ》かに対ソ武力戦準備を整え、独ソ戦争の推移が極めて有利に進展したならば、武力を行使して北方問題を解決すとの、「情勢ノ推移ニ伴フ帝国国策要綱」が御前会議で裁可された。一方、陸軍は極東のソ連軍が減少する情勢に至ったならば、九月初頭の武力介入を目途に関東軍を増強する関東軍特殊動員演習—「関特演」を実施した。七月七日に第一次、一六日に第二次動員が行われ総兵力約七〇万、馬匹一四万頭、航空機六〇〇機が満州に展開された。

日米関係の悪化やドイツ軍の進撃の鈍化、さらに在極東ソ連軍の西送が少ないことなどから、八月九日には年内武力処理は断念されたが、この演習によって満州に集積された資材は膨大なもので、これら資材はその後は逐次南方に移送されたが、ソ連軍が満州に侵攻した一九四一年八月の時点でも、未《いま》だその半量が残っていたという。

4　日独関係の一世紀

日独両国は東半球と西半球と遠く離れてはいたが、明治日本も、昭和日本も、中国市場をめぐって争い、中国をめぐって同じような歴史を繰り返してきた。すなわち、遅れて中国市場に参入したドイツは、一八七七年にドイツ駐在清《しん》国大使を戦艦ザクセンの進水式に招き、艦艇建造技術の優秀なことを示し、それまでイギリスから輸入していた艦艇の輸入先をドイツに変えさせた。そして、一八八四年にはアジア最大の改ザクセン型戦艦定遠《ていえん》・鎮遠《ちんえん》、装甲巡洋艦斉遠《さいえん》・威遠《いえん》と水雷艇一三隻を輸出するなど、ドイツは日本の仮想敵国である清国海軍の強化を助けた。

さらに、ドイツは日本が日清戦争に勝ち遼東《りょうとう》半島を租借し、英露仏三国が日本に朝鮮独立と領土保全を要望しようとしていることを知ると、ロシアを親英路線から引き離すため、三月二三日にロシアに共同歩調をとることを提議するなど、ドイツは三国干渉の実現に大きな役割を果たした。次いで日清戦争の対日賠償金の借款を与えて清国への影響力を高めていったが、一八九七年には宣教師殺害事件を口実に膠州《こうしゅう》湾を占領・租借し、山東鉄道を敷設し中国市場へ進出した。

また、ドイツは東部国境のロシアの圧力を軽減するため、黄禍論を流布しニコライ皇帝に日本との戦争をけしかけた。黄禍論はポーツマス講和会議に出席したロシア代表ウィッテが、アメリカの世論を反露から反日に変えようと利用したこともあり、黄禍論から生まれた反日論は恐日論へと変質し、人種問題を日米関係のアキレス腱《けん》とされてしまった。

第一次大戦に敗れ植民地を奪われて輸出市場を失ったドイツは、再び清国時代と同様に武器輸出から中国市場に進出してきた。一九二八年秋にはマックス・バウアーが軍事顧問を引き受け、一九二八年以降、軍事顧問団を国民党政権に派遣し黄埔《こうほ》軍官学校で教育をはじめ、上海事件では停戦協定に違反して中立地帯にゼークト・ライン（別名チャイニーズ・ヒンデンブルグ・ライン）のトーチカや機銃陣地群を構築し、ドイツ人顧問が作戦を指導し、ドイツ製武器を装備した二個師団が善戦し日本軍に大きな損害をもたらした。

さらに、一九三六年四月八日にはマンガンやタングステンなどを得ようと、工業製品貿易有限会社（通称ハプロ）を国防軍直轄のもとに設立し、武器・弾薬や兵器製造機械を輸出するため一九三六年四月には外貨不足に悩む国民党政権に、一億ライヒスマルクの信用供与を与えるハプロ協定を結び、一九三五年から三六年には中国への武器輸出が、全ドイツ武器輸出の五七・七七％（二〇〇〇万マルク）を占めるに至った。

しかし、この流れを変えたのがヒトラー政権の誕生であった。一九三三年一月に政権の座についたヒトラーは、一九三五年三月に再軍備宣言を行い、翌年三月にはロカルノ条約を破棄してラインラントに進駐した。このような侵略的な政策からイギリスやフランス、さらにソ連との対立が高まり孤立すると、一九三六年一一月二五日に日独防共協定を締結するなど、日本に接近したが満州事変が日独関係に大きな変化を与えた。

ドイツは満州貿易拡大への期待から、一九三八年五月には独満修好条約を調印して満州国を承認した。このように、資源や植民地を「持てる国」が、ホーリー・ストーム法などの極端な保護貿易法を採択し、ブロック経済体制を強化したため、「持たざる国」が経済を通じて相互依存関係が進み、日独両国を経済的に接近させたのである。とはいえ、一九三九年八月二三日にドイツが防共協定の対象国であるソ連と不可侵条約を締結したため、日本の対独不信感は最高潮となり、七月一八日には合意した通商支払流通条約も調印されずに流れた。しかし、一九四〇年四月に始まったドイツ軍の西方戦線の快進撃が日本を幻惑させてしまった。そして、ナチ党外交顧問リッベントロップ特使の積極的なリードにより、九月には運命の日独伊軍事三国同盟を締結し、太平洋戦争への導火線に火が付けられたのであった。

冷戦が終結すると一九八四年にはフォルクスワーゲンが上海に工場を建設し、二〇一二年の尖閣《せんかく》列島をめぐる反日デモで、トヨタや日産自動車の販売店が襲撃されたのを尻目に雲南《うんなん》省珠江《しゅこう》のアウディの販売店には「他要殺光日本人、他要修復釣魚島（日本人を皆殺しにせよ。魚釣島を取り戻せ）」の横断幕が掲げられ（アウディ・ジャパンがツイッターで謝罪）、さらに二工場を新設すると発表した。また、この暴動直後の七月に温家宝首相がドイツを訪問し、二〇一五年までに両国の貿易額を二八〇〇億ドルに引き上げると言明、一年後の八月にはメルケル首相が経済界のトップ一〇〇余名を従えて訪中し、自動車、通信、エネルギーなど一〇件以上の経済技術協力文書に調印し、フォルクスワーゲンは新たに五工場を稼働させ、二〇一八年までに二兆五〇〇〇億円の新規投資を行うと発表、二〇一四年には三三〇万台を販売しトヨタを抜き一位となった。日本のメーカーが公道での路上試験に許可が出ず四苦八苦しているのに、フォルクスワーゲンの場合にはパトカーが先導しているとNHKは報道している。このようにドイツの対応は上海事件当時と変わらない。しかし、これが「平和を愛する諸国民の公正と信義に信頼した」国際関係の現実なのである。

一方、一九七九年に鄧小平《とうしょうへい》の依頼で進出し、電機製品だけでなく環境対策にも取り組み、「国家環境友好企業」の称号を受賞。一九九五年には一〇〇万ドルをかけて「松下電器育英基金会」を創設し、これまでに二〇の省と都市、二五の大学で四三九八名に四二〇万元の奨学金を提供してきたが、「井戸を掘った人は忘れない」との中国人の心は失われたのであろうか。パナソニックは反日暴動に襲われ破壊され大きな被害を受けた。ある中国人は「忘れたのではない。随分前のことなので知らなかった」と答えたと言うが、中国人こそ「歴史を鑑《かがみ》」として貰いたいものである。

第13章
同盟の選択と国家の盛衰

1　地政学から見た日本の安全保障

大陸国家の政治・経済・軍事体制の特徴

同盟国は何を基準に選定すべきであろうかを歴史と地政学を軸に考えてみたい。ある一定の気象や地形などの特定な自然環境に囲まれて育つと、生活様式、風俗習慣、価値観などがその土地特有なものとなるものであり、人が育った環境の影響を受け個性や個癖ができるように、国家もその長い歴史の中で試練を受け、国家としての性格を造り、その行動様式には一定のパターンが生まれ育つものである。

そこで一世紀にわたり日本の安全保障に大きな影響を与えた「海の帝国」のアメリカとイギリス、「陸の帝国」の中国やロシア、ドイツなどの政治体制や価値観、経済的優劣、軍事思想などの相違を比較してみたい。

フレドリヒ・ラッツェルやルドルフ・チェレンは大陸国家は領土への執着が強く、「生存発展に必要な物資を支配下に入れる」のは成長する国家の「権利」であるという生存圏思想が顕著である。また「国家の領域は文化の浸透とともに拡大する。自国の文化を他国の領域内に広めると、その領域が自国の領域に加わる」や、「国境は同化作用の境界線である。国境は国家の膨張に応じて変動すべきものであり、その膨張がこれを阻止する境界線に出合うと、打破しようとして戦争が起こる」という領土観に特徴があると述べている。この傾向はロシアのツアーやフランスのナポレオン、第二次大戦前のナチス・ドイツにも見られたが、現在の中国にも見られインドやベトナムとは領土をめぐって戦争を仕掛け、モンゴルやチベットを併合し新疆《しんきょう》ウイグルを支配下に置き、南シナ海の島嶼《とうしょ》や尖閣《せんかく》諸島を「核心的利益」と主張し、台湾を併合しようと地域の安定に大きな不安定要因を与えている。

また、大陸民族は自国文化への優越感を持っているが、特に中国は自国を「中華」「中国」と美称し、周囲の民族を「東夷《とうい》」「西戎《せいじゅう》」「南蛮」「北狄《ほくてき》」と蔑視《べっし》し、周囲の国々を「臣下の礼」をとる半独立国と位置付けるピラミッド型の従属的「華夷秩序」しか認めず、対等平等な国際関係や同盟関係は歴史上あまり見当たらない。貿易も中国の管制下の朝貢貿易しか認めなかった。また、ロシアも東欧諸国との間にコメコン（COMECON）という東欧経済相互援助会議を設立し強力なコントロール下に行われる朝貢貿易体制であった。

また、見落とせないのが大陸国家の自己正義観である。中国軍事科学院が編纂《へんさん》した『第二次世界大戦後　戦争全史』には、「チベットは中華人民共和国の神聖な領土の一部である」。進駐した人民解放軍は「真剣に『三大規律八項注意』を実行し、広汎《こうはん》なチベット族人民の支持と熱情あふれる歓迎を受けた」。が、しかし、「チベット上層部反動集団が反革命武装反乱を起こしたので鎮圧した」と、チベット併合軍事作戦を「反乱平定作戦」と記している。また、一九七五年のベトナム領内への進攻作戦は、「祖国の国境を守るためにベトナムの地域的覇権主義に対して自衛反撃作戦を行った」。この戦争によって「ベトナム侵略者を処罰する目的を達し、それは中国人民解放軍の歴史上に壮麗な一章を加えた」と「自衛反撃作戦」と命名している。このような自己正義感からソ連や中国の平和観は、Balance of Power の平和ではなく、自国の覇権下に自国の正義に服させる「華夷体制」の平和観であり、事大主義の覇権安定論である。

また、大陸国家は常に国境を挟んで隣国と緊張関係にある場合が多く、侵略を受ければ長大な国境線に多量の兵員を動員して防衛しなければならなかった。このため社会体制は専制的・閉鎖的となり、国家体制は中央集権的で軍国主義的にならざるを得ず、軍制は概して徴兵制度を採る国が多く、陸軍が重視されている。

海洋国家の政治・経済・軍事体制の特徴

海洋国家は海洋が天然の城壁の役割を果たし、他国の侵略を受けることが少なく、さらに第三国の領土を経由することなく比較的自由に外国と交易し、必要な物資や文化を導入してきたためか、社会システムや思想は開放的で自由主義的となる傾向が強く、議会制民主主義の国が多い。また、船を操るのには特別の知識と技能を必要とするところから能力主義で階級的制約も少なく、兵制は志願兵制度をとり海軍を重視する国が多い。

海洋国は海上交通路を維持し制海権を握っていれば、貿易によって国家の生存発展に必

海洋国と大陸国の比較

	海洋国家	大陸国家
代表的国家	米・英・NATO	ソ連・中国(仏・独)
政治体制	開放的で民主主義	閉鎖的で専制主義
国防体制	海軍重視(専門化・志願兵)	陸軍重視(大量動員・徴兵)
世界観	共存共栄	華夷体制
国際関係	平等な国際関係	隷属的国際関係
貿易・経済	自由競争	国家管理・計画経済
軍事戦略	リデルハートの戦略	クラウゼビッツの戦略

要な資源を取得することができるため、国際関係は相互に立場を認め平等視する水平な関係で結ばれる場合が多い。

さらに、海洋国の利点の一つが安価大量の輸送力であり、海洋の存在する処はどこへでも自由に多量の物資を安価で運べる。そのことから有無相通じる国際貿易や国際分業化を促進し、海洋国家間が相互依存の関係で結びつく傾向が強い。また海洋国家は貿易により繁栄が維持されることから戦争を好まず、努めて武力戦を避け「砲艦外交」に表徴される外交交渉や、威嚇により目的を達する傾向が強く、戦争も大陸国間で戦わせ自らの犠牲を避け、漁夫の利を得る傾向がある。

また艦艇が自由に行動できることから、戦い方は相手の弱い所を突く傾向が見られ、さらに海洋国家は協調体制が取りやすいことから、古来「海洋国は同盟国とともに戦う」と言われてきた。

なお、大陸国家と海洋国家の性格の相違を図表化すれば、乱暴ではあるが上表のように要約できるのではないか。

日本は海に囲まれており多くの日本人は日本を海洋国と考えているかも知れないが、日本は海洋国、あるいは島国なのであろうか。私は地形上からは島国に見えるが大陸に近く文化だけでなく国家の諸制度も、古来中国や朝鮮、近世になるとドイツから憲法から各種の法律、国家の支柱でもある軍隊―陸軍をドイツ方式としたため、思考は大陸的であり視野は海浜にとどまり、悪く言えば「島国根性」という言葉に象徴される島国的性格が色濃く支配しているといえよう。

次に日本の地政学的特徴から望ましい国際関係を考えると、日本は資源が乏しく人口が多いことから、海外から原料を輸入し、加工して付加価値を付けて輸出する貿易立国である。ということは資源保有国が日本に資源を売ってくれること、世界の国々が日本の製品を買ってくれること、これらの原材料や製品を運ぶ海上交通路の安定的利用が可能なこと、すなわち世界が平和であることであり、日本ほど世界平和が必要な国はないということである。

2　歴史から見た日本の安全保障

大陸国家と海洋国家の盛衰の比較

海洋国家と大陸国家とどちらが国家の発展上に有利であろうか。紀元前四八〇年のサラミスの海戦の勝利がギリシャに、紀元前二六四年から二六〇年のポエニの海戦の勝利がローマに覇権を確立させ、一五七一年のレパントの海戦がヨーロッパをイスラム（トルコ）の「くびき」から解放するなど、古来、国際政治の変動はシーパワーの盛衰で大きく変化してきた。アジアについて見てもヨーロッパのシーパワーは一四九八年のポルトガル人バスコダ・ガマのインドのカリカット入港に始まり、その後はスペイン、オランダ、フランスへとアジアの植民地の地図の色は、制海権を確立した国家によって塗り替えられた。一五八八年のアルマダの海戦でスペイン、一八〇五年のトラファルガルの海戦でフランス・スペイン艦隊を破り海洋覇権を獲得したイギリスが世界の海を制覇し、ヨーロッパからアジアまで「陽の没することなき大英帝国」を誕生させた。鉄道が物資輸送の主役であった時代には、大陸国家に内線の利点があったが、科学技術の発展による港湾の整備や船舶の大型化にともない、徐々に輸送効率や国際的分業体制などの有利な経済システムから海洋国家の優位が確定していったのである。

アメリカは米西戦争に勝利すると商船隊や漁船隊、それを擁護する海軍とその活動を支える港や造船所などのシーパワー（海上権力）が国家に繁栄と富をもたらし、世界の歴史をコントロールするとのマハンの『海上権力史論』（一八九〇年刊行）に鼓舞され、大海軍を建造しモンロー宣言や門戸開放声明を旗印に、一八九八年にフィリピン、グアムとハワイを併合し、一八九九年には東サモアをドイツと分割支配した。

これに対してイギリスの地理学者ハルフォード・マッキンダーは一九〇四年に「歴史の地理的な展開軸」という題名の講演で、マハンの海上権力論では陸地に関する要素が不充分である。地球は大陸と海洋から成り立ち、その大陸の三分の二を占め、人口の八分の七が住んでいるユーラシア大陸を「世界島」、世界島の中央部でシーパワーの力が及ばないユーラシア北部を「ハートランド」と名づけ、ハートランドの外側に二組の三日月型地帯を設定し、ハートランドの外側にあり海上権力の及ぶ大陸周辺の地域、すなわち西ヨーロッパ、インド、中国などを内側三日月型地帯、その外方に海を隔てて点在するイギリス、日本、インドネシア、フィリピンなどを外側三日月型地帯と名付けた。

そして、近代工業が発達すれば鉄道などによる交通網が発展し、ハートランドに蓄積されたランドパワーがシーパワーを駆逐し、やがてはシーパワーを圧倒するであろう。「東欧を制するものはハートランドを制し、ハートランドを制するものは世界島を制し、世界島を制するものは世界を制する」とランドパワーがシーパワーを圧すると警告した。

マッキンダーの警告はあったがアメリカは第一次世界大戦でドイツ海軍、第二次世界大戦で日独海軍を破り、世界第一の海軍国に成長し世界に君臨した。しかし、第二次世界大戦が終わると大陸国家のソ連が台頭し、マッキンダーの「ハートランド論」は、ドイツの代わりにソ連が主人公となった他は予言どおりに実現されるかと思われた。ソ連は巨大な外向力を持って着々と内側三日月地帯を勢力下に収め、その勢力はアフリカなどの外側三日月地帯にも及んだ。ソ連は東欧を制してマッキンダーの警告の第一段を達成し、第二段の世界島の支配に乗り出しハートランド外周の中国やアフガニスタンを影響下に収め、海洋超大国のアメリカは力を失い海洋一国支配の歴史が閉じられたかに見えた。

しかし、それを押し返したのがニコラス・スパイクスマンの理論であった。スパイクスマンは、世界はランドパワーとシーパワーが対立するという単純なものではなく、ハートランドの周辺地帯でランドパワーとシーパワーの接触している地域をリムランドと呼称し、このリムランドに位置する日本やイギリスが政治的軍事的に重要である。ヨーロッパ大陸が一大強国に支配されるのを防止するには、リムランド地帯の国々が共同してハートランドの勢力拡張を防ぐべきである。「世界を制するものはハートランドを制するもの」でなく、「リムランドを制するものがユーラシアを制し、ユーラシアを制するものが世界を制す」と主張した。

これを受けたのがジョージ・F・ケナンの「ソ連封じ込め」政策であった。リムランドのNATOや日本、アジアでは韓国、台湾などが連合し冷戦に勝利したのである。大陸国家のソ連は安価大量の物資を運び得る海洋国家、経済的には有無相通ずる国際分業と国際的自由貿易による相互依存関係で結びつく効率的な海洋国家群に対し、その地理的制約や専制的な国家体制が災いして経済的に破綻《はたん》してしまった。

ソ連や東欧圏の崩壊は政治的には自由主義国家の勝利であり、経済的には自由経済体制の勝利であったが、地政学的には海洋国家の大陸国家に対する勝利であった。現在、マハンの海上交通路はシーレーンと呼称が変わり、科学技術の発達からエアーパワーの空軍力や大陸間弾道ミサイルなどが出現したが、海洋を制した国家が世界を制するというマハンの理論に代わる理論は未《いま》だ説得力に欠ける。

中国の国家指導者は陸の大帝国と海の大帝国を目指し、インド洋を越えてアフリカ大陸まで遠征した鄭和《ていわ》艦隊の夢を再現しようとしているのであろうか。二〇一四年一一月には四〇〇億ドルのシルクロード基金の創設を発表し、中国を起点とし中央アジアからヨーロッパに至る陸路の「シルクロード経済圏（ベルト）」と、中国沿岸部からアラビア半島を結ぶ「海のシルクロード」の「一帯一路」の経済圏を計画している。マハンはいかなる大国も世界一の海軍と世界一の陸軍を同時に保有することは不可能であると教え、歴史は帝政ロシアや第一次世界大戦時のドイツ、第二次世界大戦時の日独、冷戦時のソ連海軍が敗北したことを教えているが、中国はこの歴史を変えようとしているのであろうか。

また、中央専制的な政治システムや陸軍主導のタイトな戦争指導に服する大陸国の海軍は、柔軟な対応を要求される海上作戦には不適で、悲劇的な敗北に終わることはドイツ海軍やフランス、ロシア（ソ連）海軍の歴史が教えているが、「人民解放軍─海軍（People Revelation Army-Navy）」と陸軍の人民解放軍の下に置かれ陸軍指揮官が多い共産党軍事委員会に指揮され、政治将校の監視を受け、柔軟に運用され、レーダー、近接信管、最後には原爆と次々に新兵器を開発する自由主義諸国の海軍に、外国技術のコピペの武器で対抗し制海権を確立できるのであろうか。

多国間安全保障体制の可能性と限界

第一次世界大戦後のパリ講和会議で国際連盟が誕生し、一九二一年に「太平洋に関する四ヵ国条約（日英米仏）」や「中国に関する九ヵ国条約（日英米蘭中仏伊ベルギー、ポルトガル）」が締結され、ここに国際連盟、四ヵ国条約、九ヵ国条約というワシントン体制と呼ばれた三重の多層的多国間安全保障体制が成立した。

次いで一九二四年に英仏伊独チェコ、ベルギーなどが相互に協調したロカルノ体制がヨーロッパに誕生すると、当時の日本には現在と同じように、「国際連盟」「平和」「軍縮」の大合唱が起こった。しかし、イギリス首相のロイド・ジョージは国際連盟の限界について、一九一七年七月にイギリスの下院で次のような見解を述べていた。

国際連盟がすべての戦争を途絶できるとは言わず。人間は野蛮な動物であり、人間の激情がいかに惨事を演じて憚《はばか》らないかは、ヴェルダンの一戦線に三〇〇万の人類が五ヵ月も戦った戦跡を一見すれば理解できるであろう。国際連盟にして一回でも戦争を防止できれば、その存立は意義あり。いかに完全な社会も一切の犯罪を途絶する訳には行かず。しかし、犯罪を困難ならしめ不成功ならしむるに至りしは、文明の功なるべく国際連盟の期する所はまたこれに出ず。

一方、国際連盟理事会の初代日本代表の石井《いしい》菊次郎《きくじろう》は「連盟の蒔《ま》いた種がデュネバの空気が肥料となり、ロカルノ条約を生み出したのである」。「ロカルノ条約は能《よ》く之《これ》を吟味すればする程、その効果の偉大なるを見出すのである」と賛美し、次のように書いている。

連盟が鎮座するジュネーブは世界平和の霊地となり、利己、排他、弱肉強食の製造品はこの新世界への輸入を禁止され、四海兄弟、共存共栄の義声はこの新世界を風靡《ふうび》し、平和の新動力は霊地より起こり世界の僻隅《へきぐう》にまで及ぶようになった。そして、連盟の努力でシレジア問題、アウランド島問題、ギリシャ・ブルガリア問題、モロッコ帰属問題など二、三の国際紛争が解決された。国際連盟は世界の外交、軍事、政治、経済、財政、衛生その他百般の人類の幸福問題の精算所である。知識文化の交換所であり展覧会場である。世界平和の醸造所であり精製地である。列国政治家の参拝する霊地であり、軍閥侵略の照魔鏡であり、平和攪乱者《かくらん》の懲治所である。

また、外務大臣の内田《うちだ》康哉《こうさい》は一九二三年の議会で次のように施政方針演説で述べた。

近時世界の大局は急転して、曾《かつ》てはひとつの理想論とのみみられておりましたる国際連盟がすでに成立を告げたのみならず、時の経過とともにその精神は次第に徹底し、その基礎はますます鞏固《きょうこ》を加えつつあります。すべてこれらは世界恒久平和の樹立に対する人類一般の真摯《しんし》なる要求の発露に他ならざる次第でありました。実に現代世界の大勢は各国ともに排他的利己主義を去って、正直と平和のために国際協調の達成をはかるに努めていることを示しつつあるのであります。

次の外務大臣の幣原喜重郎《しではらきじゅうろう》も一九二四年の親任式後の記者会見で、「今や権謀術策的の政略ないし侵略的政策の時代は全く去り、外交は正義、平和の大道を踏みて進むにある。ワシントン会議諸条約等に明示、または黙示せられたる崇高なる精神を遵守《じゅんしゅ》、拡張して帝国の使命を全うする努力をせんと欲するものなり」と抱負を述べた。しかし、これら外交官の連盟やワシントン体制に対する熱い期待に対して、軍人の反応は懐疑的であり冷たいものであった。

陸軍大学校校長の宇垣一成《うがきかずしげ》中将（のち大将、陸相）は、国際連盟が真の効果を発揮するようになるためには、「人々の正義と人道に対する観念が、利害や感情の上に超越する如くならざる以上は駄目である。利害が人心支配の主体たるが如き感ある限りは、この連盟に多くを望むことは出来ぬ。先《ま》ずまず平和増進のため無きよりは結構であるという程度に考へていれば、甚しき後日の失望も起るまい」と、その限界を日記に書いている。

海軍大学校校長を務めた佐藤鉄太郎《さとうてつたろう》中将は「賢明なる外交は決して背約すべきものではない」が、国際連盟および協約は各国の国益によって利用されるものであり、忘れても利用さるべきものではない。連盟・協約などにより世界の平和を求めようとしているが、「その効力の如何《いかん》は、相互に相畏敬《いけい》するだけの実力を有すると否とによる」と書いている。

そして、その後に生じた国際関係や国際連盟は、ロイド・ジョージや宇垣一成、佐藤鉄太郎の予言どおりに推移し、決して日本の政治家や外交官の希望的観測のとおりにはならなかった。

ワシントン体制もロカルノ条約体制も第二次世界大戦を阻止することができなかったが、現在も多国間協調体制が機能しないことは北朝鮮の核開発をめぐる六カ国協議や国連の非難決議がまったく効果なく、北朝鮮に核ミサイルの実戦配備への時間稼ぎにされてしまったことなどからも理解できるであろう。国際連合や多国間安全保障体制は国家の生存やバイタルな利益が絡む問題は解決できず、多国間安全保障体制で解決できるのは、国際世論が影響する程度で、多国間安全保障体制は二国間同盟を補完することはできるが代替とはならなかったことを歴史は教えている。

多くの日本人は第二次世界大戦後に誕生した国際連合を第一次世界大戦後に誕生した国際連盟と同じもののように誤解しているが、その違いをここで指摘しておきたい。

国際連合は国際連盟とは全く異なり、日独伊を共通の敵として戦った第二次世界大戦時の連合国（United Nation）の「戦勝クラブ」であり、国連憲章（第五三条・第一〇七条）には未だに「旧敵国」として、安全保障理事会の決議がなくとも「侵略的行動の危険がある」と判断した国が、日独（イタリアは降伏後に日独に宣戦を布告し戦勝国となった）を攻撃することを認めている国際組織である。また、常任理事国の一国が拒否権を発動すれば全く機能しない組織である。しかし、日本では外務省が「国際連合」と意訳し敗戦国と親密になる国もなく、アメリカの保護国の状況が続いたため、外交の正面をアメリカと国連外交に据え、国際連合協会などを造り、国連大使や駐米大使などが天下り国民に国際連盟と同種の組織のような幻想を与え、半世紀にわたり世界第二の国連資金を供出し続けた。そして、国民だけでなく政治家までもが国連に日本の安全を委託しようとの「思いこみ」を育て、国連の指揮下に自衛隊とは別組織の軍隊を創設し、国連に提供すべきであるなどとの迷論を主張する政治家さえ出るほど誤解は深刻である。

しかし、国連は参加国の宣伝の場であり謀略基地でもある。一九七八年三月に米国に亡命したアルカージィ・シェフチェンコ国連事務次長によれば、七〇〇名のロシア人の国連職員中二〇〇名が諜報機関員で、「国連はソ連情報工作の重要基地」であったと証言している。

国連に関する第二の問題は日本と戦ったのは蔣介石《しょうかいせき》の国民党軍であり、対日戦争では日本軍から逃げ回り、国連が創設された時にはゲリラに過ぎなかった中華人民共和国が（建国は一九四九年一〇月、国連加盟は一九七一年）、国民党政府を追い落とし戦勝クラブになりすまし、「国連創設・世界ファシズム戦争勝利七〇周年」にあたり、「歴史を鑑《かがみ》とし『国連憲章』の趣意と原則に対する揺るぎない約束を重ねて表明する」ためとして、二〇一五年二月から王毅《おうき》外相を議長に安全保障理事会で閣僚級の公開討論会を開き、王外相が第二次世界大戦について「いまだに真実を認めたがらず、侵略の犯罪をごまかそうとする者がいる」と演説、韓国の国連大使も「歴史の教訓を無視しようとする試み」への注意が必要だと日本を非難した。まさに国連は宣伝戦の舞台であり、それ以上の何物でもないことを銘記し、国連外交などとして献上している無意義な経費を国家戦略機関や情報（対外宣伝）機関の創設や歴史戦争などの宣伝戦に投入することが急務ではないか。

3 日英同盟の価値と解消の誤算

日英同盟の功罪

日英同盟を文明史的にみれば、異なる地域の異なる文明国が、戦略的相互依存関係を結んだ歴史上初めての同盟であった。また人種論や文明論的にみれば七つの海を支配し「陽の没することなき大英帝国」と言われていたイギリスと、劣等民族と当時は考えられていた黄色人種の日本が、対等な関係で軍事同盟を締結し、海洋を経由してヨーロッパ文明圏に入ったことを意味し、有色人種の国際的地位を一挙に高めた同盟でもあった。そして、日本は日英同盟によりドイツやフランスの日露戦争への干渉を阻止し、白色人種に打ち勝ち世界に登場した。

ロシアが敗北し同盟の対象国が消滅したにもかかわらず、日英同盟が第二次改訂でさらに強固な攻守同盟へと改訂されたのは、ドイツの脅威が強まったためであった。そして、この改訂によりイギリスは本国周辺海域の海軍力の勢力均衡を図るため、太平洋から戦艦や巡洋艦などを本国に回航することができた。また、第一次大戦では日本海軍が太平洋からインド洋の制海権を確保し、イギリスのシーラインを完全に守った。

このように、日英同盟は相互に利益があったため締結され継続されたのであったが、日英同盟の調印から解消までの日英両国のメリットとディメリットを検討してみると、日本が日英同盟から恩恵を受けたのは同盟締結時だけで、第一次改訂から第二次改訂に至る期間については、相対的にイギリスに益するところが多かったように思われる。

しかし、国家の基本である憲法や陸軍をドイツに範をとったため、国家体制から思想までもが大陸的専制的となりそうな日本に、自由とか権利、議会制民主主義などという海洋文明的な価値観をもたらすなど、日本を今日の民主的な近代国家に成長させ、経済的に繁栄させた日英同盟の功績は忘れてはならないであろう。

特に、日本を近代的造船王国にしたのは、イギリス海軍大学校造船学科に留学した技術士官や、イギリスから購入した艦艇にともない移転された技術であった。日本海軍はイギリスの技術を基礎に世界第三位の海軍国に成長し、その技術が戦艦大和《やまと》を生み、さらに敗戦後はスーパータンカーとなって戦後日本を世界第一の造船王国、技術立国に育てたのでもあった。

しかし、日英同盟の日本に対する何よりの功績は、国際感覚がなく長期的世界的視野に欠ける日本が、世界的視野から戦略的思考ができるイギリスを同盟国としたため、二〇年間にわたり、曲がりなりにも国の針路を大きく誤らなかったことであろう。また、アジアにおける日英同盟の価値は、ロシアの満州《まんしゅう》や朝鮮の支配を阻止するなど、日本の平和だけでなく、アジア、特に北東アジアの平和を二〇年間も維持できたことではないであろうか。

日英同盟の恩恵を考える場合に忘れてならないのは、日英同盟を選択した小村寿太郎《こむらじゅたろう》の先見性であり、元老の山県有朋《やまがたありとも》などから「加藤は英人なり」、「外交など判る男に非ず」と非難されながらも終始動揺することなく、日英同盟路線を継続した加藤高明《かとうたかあき》の洞察力と信念であり、これら先人の英断は高く評価されるべきであろう。

日英同盟解消の誤算

チャーチル首相は『第二次大戦回顧録』で、ベルサイユ条約のドイツに対する経済条項は有害愚劣なもので、ドイツは滅法な賠償支払いを宣言された。一方、日本に対してはアメリカが「日本がきちんと守っていた日英同盟の継続が、英米関係の障害になるということをイギリスに対して明らかにした。その結果、この同盟は消滅せざるを得なかった。同盟破棄は日本に深刻な印象を植えつけ、西洋によるアジアの国の排斥とみなされた。多くの結び付きがばらばらになったが、それらは後になって平和に対する決定的価値を発揮するはずのものであった」。しかも日本は、ワシントン条約によって英米より海軍軍備を低い比率に規定されてしまった。「かくてヨーロッパでもアジアでも、平和の名において戦争再発の道を切り拓《ひら》く条件が、戦勝の連合国によって急速に作られたのであった」と述べている。

また、日英親善に尽くしたとして勲一等を与えられ、イギリスでは「伝説的親日家」といわれている元駐日武官のフランシス・ピゴット少将は、ワシントン会議にバルフォア代表の随員として参加し、日英同盟の解消について所見を求められると、「日本人は同盟を永久に続く結婚とみなしていたので、戦後こんなに早く日本側に不信行為がないのに同盟を解消することは……事実これは離婚である。日本人に対しとりかえしのつかない大きな屈辱を与えることになるであろう。それだけでなく、日英同盟の解消は日本人が最悪の罪とする忘恩と解されるだろう。今後、どのような影響があるのかを非常に心配する」と述べたと言うが、結果はピゴット少将の予想した通りに推移した。同盟関係を「結婚」と考えるウエットな日本人は、日英同盟の解消、それに引き続くシンガポールの築城開始や、さらにはワシントン会議やロンドン会議で、米英に協同して押さえ込まれた劣勢な海軍軍備の比率が、海軍部内の反英感情を高めただけでなく、国民にも「忘恩の国イギリス」とのイメージを植え付けてしまったと、一四年にわたり在米日本大使館の顧問をしていたアメリカ人フレドリック・ムーアの回想録『日本の指導者と共に』から引用して次のように述べている。

米国が英国を強要して日本との同盟を廃止させたのは米国外交の失策だった。……日本側は同盟廃止によって大衝撃を受けた。英国が大した議論もせずに、さっさと米国の望み通りにやってしまったので、英国に対する日本側の考えが変わった。これが始まりで、以後日本は起こり得る戦争に備える独自の行動へと方向を転換した。ドイツが軍事力を回復した時、それと協力しようとする道が気持ちのうえで開けたのである。日本海軍はこの時まで国民の間に強い勢力を持っていたが、日英同盟の破棄によって弱化し陸軍に支配的な威信を譲り渡してしまった。もしも、日英同盟が存在していたならば、文官と海軍の勢力によって、陸軍に十分な抑止力を加え続け、陸軍が中国へ進出することを防止しただろうということさえあり得たかもしれないと私は考える。……日英同盟を廃止させたことは、アメリカ国民と政府の失策であったと確信する。

同盟国間の摩擦

強固な同盟関係を維持することは他国と運命を共にする「運命協同体」的な国家的矜持《きょうじ》が必要であるが、同盟関係は国家的利盗、国家エゴを背景として結びついているだけに、各国の利益を常に一致させることは困難で、同一戦略確立の困難性や国家主権の制限と委譲への反発などから有機的な結合は難しい。

また、先に述べたとおり同盟作戦は本来対立し勝ちな二ヵ国以上の国家の意志を一定期間、一定の方向に統一しようとするので、自然同盟国の間に意志の疎通を欠き、さらに相互に束縛や制限を嫌い、戦況の良いときには分け前の問題が、戦況の悪い時には犠牲を避けようとする動きが加速するものである。

特に共同作戦では国力、戦闘力、人種から宗教、国民性、言語、風俗習慣など総《すべ》てが異なる国家の力を結集し、共通の目的を達成するために軍事面のみならず、政治・経済・社会等の広範な分野で国益が対立し、戦略が分裂し完全に一致することはない。世界史を見ても同盟関係は冷徹な長期的な国益の追求と、目前の小利への誘惑や感情的な些細《ささい》な葛藤に引き裂かれ、よろめきながら維持されてきたが、それはいかなる国民も他国のために犠牲になることを好まず、自国の国益・主権を他国のために制限することを理性的には理解できても感情的に認めることが困難だからである。

しかも各国の軍事戦略・戦術・ものの考えから要務処理要領などは、それぞれの国民性と伝統に根差すものであり、各国の軍隊の能力・練度・装備・編成・給与などの差異から反感や不信感も生じ易く、特に犠牲を伴う戦域に配備された陸軍の場合などは、言語風俗、習慣、人種的偏見が拍車を掛け、特に戦況が不利になるとこの傾向が増幅される。

第一次世界大戦では現在に類似した多くの問題が生起していた。地中海への艦隊派遣は日英同盟の適用戦域外であったために秘密裏に行われ、乗員に行く先を知らせたのは日本出航後であり、問題となったのは地中海派遣部隊の功績がヨーロッパの新聞に大きく報道されたからであった。すると野党は先に書いたように議会で詔勅や日英同盟の範囲外と追及し、ジャーナリズムの派遣反対の大合唱が起こったが、安保条約においてもインド洋の給油活動やペルシャ湾への掃海部隊の派遣でも同じような対応が生起している。

また、「日本兵は我が国家を守る兵にして他国のために血を流す事を得べきものにあらず」とか、日本軍は天皇の軍隊であり「外国ノ指揮官ニ統帥指揮セシムルハ憲法違反ナリ」との「統帥権」の問題があり、マルタ以外に行動中の駆逐艦（隊）などにイギリス海軍が命令を発する場合には、命令の冒頭に“Japanese Admiral Concur”を付けていた。また、突然ダーダネルスに潜んでいたドイツ戦艦が地中海に出現すると、イギリス海軍は連合国の全艦艇に緊急避難命令を出したが、日本に対しては統帥権を侵したと発令後に、マルタ島の海軍司令部から参謀が出雲《いずも》に派遣され「状況やむを得ざりし旨の陳謝」を行っている。第一次世界大戦中も地中海やインド洋など国外に派遣された部隊は、外国では全く考えられない現在の平和憲法や集団的自衛権の問題に類似した対応をしていたのである。このように日英同盟も安保条約と類似の問題を抱えてはいたが、日英の為政者の大局的判断と忍耐によってヨタヨタと続いていたのである。

しかし、同盟に過度に依存した場合には裏切られた時の打撃が大きい。日本は第二次世界大戦では日独伊防共協定が独ソ中立条約で、日独伊三国同盟はドイツのソ連攻撃で裏切られ、イタリアには戦局が不利となると同盟を破棄して連合国側に立って宣戦を布告され、ソ連には日ソ中立条約を破棄されて満州や樺太《からふと》の悲劇を生んでいる。また、長期間にわたり大国と同盟していると、自主性を失い国を守ろうとする気概が低下し、外交感覚を鈍らせることに留意しなければならないことは、国防意識に欠ける日本の現状を見れば理解できるであろう。

4　同盟の本質はパワーバランスと国益

同盟国は何を基準に選定すべきであろうか。如何《いか》なる国との同盟が国家に繁栄をもたらすのであろうか。日本の安全保障を地政学と歴史から見ると、黒船の到来で始まった近代日本は、海洋国家と連携した時には繁栄の道を歩み、大陸国家と結んだときには苦難の道を歩まなければならなかった。すなわち開国早々の日本は海洋国家イギリスと同盟し、海洋国家アメリカの援助を受けて日露戦争に勝ち、海洋国イギリスの同盟国として第一次世界大戦をへて国際連盟を牛耳る五大国に成長した。

しかし、日本が国家の基本である憲法をドイツ憲法を参考としたこと、国内政治に大きな影響を持つ陸軍がドイツに学んだこと、日露戦争で大陸に権益を保有してしまった歴史の皮肉などから、第一次大戦中に戦後の世界情勢を読み違えて、海洋国家イギリスとの同盟を形骸《けいがい》化してしまった。そして、一九一六年には大陸国家ロシアと事実上の軍事同盟(第四次日露協商)を、一九一八年には中国と日華共同防敵協定を結んでシベリアに出兵、さらに日中戦争から抜け出そうとして大陸国家ドイツと結んで、第二次世界大戦に引き込まれ、海洋国家イギリス・アメリカを敵として敗北してしまった。しかし、第二次世界大戦後に海洋国アメリカと締結した日米安保条約で平和を保障され空前の発展を遂げた。

一方、日本は大陸国家の中国に対しては長期にわたり中国文化を受け入れたが、自国に必要なものしか取り入れず、さらに「日本化」するなど一定の距離を保ち、歴史的にも文化的にも中国を中心とした「華夷体制」の外側にあった。中国を師と仰いで遣唐使や遣隋使を派遣し、卑弥呼《ひみこ》や足利幕府の三代将軍義満《よしみつ》の時代などには「臣下の礼」をとったことはあった。しかし、それ以外は海が天与の防壁となっていたため、聖徳太子《しょうとくたいし》以来、日本は「日出《い》ずる所の天子、書を日の没する所の天子に致す。恙《つつが》なきや」として、防人《さきもり》などの軍備を充実し「離れず近づかず」の距離を置き、対等な関係を維持してきた。中国との貿易も朝貢貿易には従わず、拒否されれば海賊に変身する「倭寇《わこう》」という変則的な貿易で押し通し、中国に対しては対等な隣人、時には挑戦者で通してきた。平安時代や奈良時代、鎌倉時代や徳川時代など、中国とは関係を持たない時代の方が日本は平和で繁栄し、中国との関わりが濃厚な時期には混乱や不安定に陥り、時として政権が崩壊したことを歴史は教えている。

また、世界が平和であったのは超大国が出現し君臨した時と、複数の国家が連合してパワーバランスが維持されていた時に多いことを歴史は教えている。このためいずれの国も同盟国を求めて熾烈《しれつ》な外交戦を展開してきたが、同盟国選定の基本は一九世紀に植民地を拡大し、大英帝国の基盤を築いたヘンリー・ジョン・テンプル・パーマストン首相の「大英帝国には永遠の友も永遠の敵もない。存在するのは永遠の国益だけである」との言葉を引用するまでもなく、国益でありパワーポリテックスである。

イギリスが「月とスッポンとの同盟」と揶揄《やゆ》された極東の小国の日本との同盟に踏み切

ったのは日本の軍事力、特に海軍力にあった。イギリスは日清戦争初期までは中国をアジアの大国と考え、アジアの安定には日本より中国を重視していたが、日本軍の勝利が続くと徐々に日本寄りの姿勢に変えていった。それはアジアの問題では清《しん》国よりも日本を重視した方が得策と判断したからであった。

これは第二次世界大戦で米英が不倶戴天《ふぐたいてん》の敵としてきた全体主義国家のソ連を同盟国に加えたこと、冷戦時代には非民主主義国家を自己陣営に加えた西欧諸国の外交を見れば明らかであろう。日本が、近代国家として世界に登場した、この一世紀に同盟国を持たなかったのは一八年間だけであり、日本は国際情勢の変動に応じて、「昨日の敵は今日の友」とパワーバランスを求めて日英同盟、日露協商、日華共同防共協定、日独伊三国同盟、日ソ中立条約、日米安保と多くの国と同盟し安全を維持しようとしてきた。

また、同盟国選択の第二の要件はパワーポリテックスに加え、最近のグローバル化や情報通信の発展、それにともなうマスメディアや国際世論の影響力の増加を考慮すると、世界の世論（情報）を支配する国家との同盟が望ましい。特に、一国家一言語一民族のため情報力に欠け、戦略的思考が苦手な日本には、世界の思想や価値観を牛耳る大国を同盟国とすることが望ましいことは、日英同盟を締結しイギリスとともに歩んできた時の日本の繁栄を見れば明らかであろう。

5　歴史に学ぶ日米関係

日米関係の一世紀

ペリーに始まった日米関係は、好奇心・競争・対決・敗北・和解・同盟、そして相互依存の関係へと発展し、日本はアメリカの軍事力の庇護《ひご》の下で、貿易を伸ばし繁栄を謳歌《おうか》してきた。しかし、その日米関係は決して円滑なものでなく、日本が好意的援助を受けたのはペリーの来航から日露戦争までで、その後は屈辱と強圧への抵抗と服従の繰り返しの歴史であった。人種問題だけに限っても一八九三年には学童排除運動が起こり、一九〇六年にはサンフランシスコ市で学童隔離教育令が敷かれた。一九一三年にはカリフォルニア州で日本人土地所有禁止法案、一九二〇年には借地権の奪取、写真結婚の禁止、一九二二年には大審院で第一次世界大戦に参戦した日系兵士の帰化不当判決などがあったが、一九二四年には議会でついに国家として日本人移民禁止法案が採択された。また、一九二二年にはワシントン条約では主力艦の保有を五対三の不当な比率に押さえ込まれ、さらに一九三〇年のロンドン条約では補助艦艇が対米七割に強いられた。

一方、経済的には生糸、次いで絹製品に対する四〇から五〇%の輸入関税、次いで日本が綿製品に輸出主力を変えると、高関税と輸入割当を加えて日本製品を閉め出した。これに対して日本がセルロイド製品の玩具、歯ブラシ、磁器などによりアメリカの安物雑貨店の店頭を飾ると、今度はホーリー・ストーム法という超保護貿易法案により、輸入関税七〇%、あるものは二〇〇%、甚だしいものは五〇〇から八〇〇%の高関税をかけて日本製品が排除された。

このように、日本はアメリカから人間として国家として、耐え難い不平等・不当な人種差別だけでなく、経済的にも厳しい対応を受け続けてきた。しかし、先人は日本人移民制限には紳士協定で自主的に移民を制限し、写真結婚禁止法案には花嫁の渡航を禁じ、高関税の輸入規制にも、ワシントン会議やロンドン会議にも応じた。そして、海軍はアメリカの不当な対日圧力が続き、反米感情が高まった一九三七年の海軍の機関誌『水交』に次のように書き自重を促していた。

我々は過去、アメリカの学童隔離法案にも、カリフォルニアに於ける不当な土地禁止法案にも耐えた。いかにアメリカが挑発しても、海軍が厳然と存在している限り、対岸の火花が日本に飛火し、日本を犯すことはないであろう。従って『侮られざる軍備』を維持するが、いかにアメリカにけしかけられても、隠忍自重していれば、アメリカと雖《いえど》も理由なく攻めてくることはない。

昭和日本は重なるアメリカの対日圧力に理性を失い、アメリカと戦ってしまった。戦争が終わるとアメリカは、敗戦国日本にララ物資などの食料援助から経済・技術援助を与え、戦後日本の復興を親身に援助してくれた。しかし、日本が復興し経済大国に成長すると、アメリカは自由貿易体制を国是としながらも、再び戦前と同じように様々な理不尽な対日貿易制限を加え続けてきた。これに対して、戦後日本は繊維・鉄鋼・自動車の過剰輸出問題や規制緩和問題などでは常に妥協し、自主的に対米輸出量を規制し、友好的な日米関係の維持につとめ貿易を伸ばし、経済的繁栄を得てきた。

対米外交の鉄則とは

戦後半世紀にわたり日米安保体制はアジアの安定に寄与してきたが、中国の台頭とアメリカの国力の低下などから日米同盟が日米双方で揺れている。ここで日米関係の歴史を回顧すると、アメリカの対応は極めてプラグマ的であり、アメリカの外交が常に国際主義と孤立主義、あるいは関与縮小論、覇権主義とパートナーシップ論、欧州重視とアジア重視との間で、さらに、日本を選ぶか中国を選ぶかの間で大きく揺れ動くことである。これを一世紀という尺度で見ると、自由主義と保守主義を政治信条とする共和党（一八五四年結党）はアイゼンハワー、ニクソン、フォード、レーガン、ジョン・H・W・ブッシュ、ジョージ・W・ブッシュの時代には積極的な軍拡を行い、湾岸戦争、ソマリア内戦、コソボ紛争、アフガニスタン介入、イラク戦争など数々の紛争を繰り返してきた。

一方、リベラリズムと社会自由主義を掲げる民主党はルーズベルト、トルーマン、ケネディ、ジョンソン、カーター、クリントン、オバマと平和路線を歩んできたとの印象が強い。しかし、太平洋戦争を仕掛けたのは民主党のルーズベルト大統領、ソ連との降伏交渉を知りながら原爆を投下したのも民主党のトルーマン大統領であった。これが教える遺訓はアメリカの二大政党は政治信条や思想的スタンスにかかわらず、ドラスチックに国益に沿った選択、プラグマニズムがアメリカ外交の特徴であり、またアメリカの政治システムの強さなのである。

揺れ動くアメリカの外交は摑《つか》みどころがないが、一般論で言えば中国や韓国系アメリカ人の増加と中国や韓国のロビー活動から議会は民主・共和党ともに反日的である。また、政府機関としては財務省が親中国的、国防省が反中国的で国務省は国益で揺れるが、現在は親中国的であると私は判断している。

ところで、理解も早いが誤解も早く自己の正義感で猪突猛進《ちょとつもうしん》するアメリカの単純な「カウボーイ外交」には、敏速な対応、特に世論が動き出す前に未然に手を打つ先見性のある対応が必要である。しかし、日本の外交は普天間《ふてんま》基地移転問題や集団的自衛権への対応が示すとおり、常に理性に欠け党利党略に明け暮れし感情的であり、さらに「和」を第一とし満場一致の賛成を得ようとする日本独特の稟議《りんぎ》性を重視する政治体制から、対応が遅れ大胆な政策転換が出来ず常に後手後手の歴史であった。

チャーチル首相は「アメリカは蒸気ポンプみたいなものでなかなか動かないが、一度蒸気圧力が上がってしまうと止めても止まらない。したがってアメリカを動かすには、前以《もっ》てアメリカをどのように動かすかを定め、方向を明確にして御者に分からないように、徐々に馬の鼻面を自分の望む方向に向け、あとは御者に気づかれないように、思い切り馬の尻に鞭《むち》打てば思うように動いてくれる。しかし、途中で方向を変えることは極めて難しい」と述べているが、これが対米外交の鉄則ではないであろうか。

現在、TPP（環太平洋戦略的経済連携協定）への加盟や集団的自衛権をめぐり国論が分裂しているが、TPPの問題は明治の「アジアとともに歩む」アジア主義の大東亜共栄圏に入り、唯我独尊の中国支配下の従属的華夷体制に加わるのか、「脱亜論」の「欧米諸国とともに歩む」のかの選択の問題ではないだろうか。資源がなく原料を輸入し、工業製品や知的財産のノウハウを輸出するしか生存できない通商国家の原点を考察するならば、「人治国家」の中国より民主主義という共通の価値観を共有する「法治国家」のアメリカの方が好ましいのではないだろうか。

しかし、同盟に過度に依存した場合には裏切られた時の打撃が大きいことは、アメリカも第二次世界大戦後にはベトナム戦争でベトナムを見捨て、自由主義を掲げ人権を主張しながらチベットやウイグルを見捨てていることからも理解できるであろう。

実利主義で動くアメリカを日本として引き留めておく方策は、アメリカにとり日本がパワーバランス上から不可欠な軍事力を保有することであり、また、西ドイツのようにアメリカの核兵器を国内に配備し、共同運用するニュークリアー・シェアリング方式を実現することではないだろうか。専守防衛を国策としてイージス艦やPAC－3、THAAD（戦域高高度防衛ミサイル）などの防御《ぼうぎょ》的な武器だけを装備しているが、世界史を冷静に見れば「非武装中立」や専守防衛は夢物語で、相手の基地を攻撃できる武器なしで国を守れた歴史は見当たらない。平和憲法が戦後の平和を守ったという人たちがいるが、戦後の平和を守ったのは日米安保条約であり在日米軍の武力である。

福澤諭吉《ふくざわゆきち》は「時事小言通俗外交編」で「抑々《そもそも》、外国との交際は相互に権利を主張するものにして、情を以て相接するに非ず。……情に依頼すべからず。然《しか》らば即ち何を以て之に接せんか、情の反対は力なり。外交交渉の大体は腕力に在り」と述べているが、国際政治の現実は「力が正義」なのである。国際政治に正義はなく、あるのは国益であり、それを守り得るのは軍事力であることを銘記し、明治の先賢に学び「臥薪嘗胆《がしんしょうたん》」し粛々《しゅくしゅく》と軍備を充実し、子々孫々に美しい伝統に輝く日本を残すことが今に生きるわれわれの責務ではないだろうか。

おわりに

人が育った環境や体験によって一定の行動を示すように、国家の行動も気候や風土などの自然環境、歴史体験などを経て一定の行動パターンを示すものであり、ここに「歴史は未来へのベクトルである」とか、「愚者は体験に学び賢者は歴史に学ぶ」との名言が生まれたのであろう。

しかし、歴史を学ぶ場合に注意すべきことは、アーノルド・トインビーの「歴史とは、それを見る立場や目的により初めて歴史が生まれる」との言葉が示すとおり、異なった歴史の見方によって歴史が生まれる――異なる歴史が存在するということである。このような歴史観としては、共産主義の正義を主軸にしたソ連や中国の「イズムの歴史観」や、戦前の「皇国史観」があり、現在の日本は「日本が総《すべ》て悪かった」との占領軍の「東京裁判史観」や日教組の「懺悔《ざんげ》の歴史観」が支配している。

歴史を学ぶ時に留意すべきことは、「一つの尺度（正義）で歴史は書き得るものではない」ということと、「現在の価値観で当時の歴史を見てはならない」ということである。著者の史観を申し上げれば、「みんなが悪かった」という史観である。戦争も喧嘩《けんか》と同じで片方だけが悪者で、片方が聖者などということはない。「先の戦争」に至ったのは日本もアメリカも、そして中国も悪かった。総てに、それぞれ責任があるという「複数の正義の歴史観」である。そのため、日本の対応を諸外国はどのように見ていたかという外国からの視点を加えて日本の行動を判断し、さらに当時の日本人がどのように考え行動したかを知って頂くために、極力当時の新聞や雑誌の記事を引用した。多くの方々が、歴史に学び歴史を糧として正しい史観を持たれ、日本が二一世紀の針路を間違えることのないことを祈念しつつ本書を書いた。

全面的な書き直しのため竹内祐子氏には大変お手数をお掛けしたが、文庫化を推挙していただき再び『日英同盟』が、集団的自衛権や普天間問題で揺れ動く日本の針路の決定に少しでも寄与できるならば幸いであり、その重要性に着眼した竹内祐子氏には心からの敬意と謝意を表したい。

なお、執筆にあたって利用した書籍が非常に多く、紙幅の関係から書き切れないので詳細は次の拙書の註を参考としていただきたい。

拙書『第一次世界大戦と日本海軍―外交と軍事との連接』(慶應義塾大学出版会、一九九八年)
編著『日英交流史　1600-2000　3(軍事)』(東京大学出版会、二〇〇一年)
拙書『日露戦争が変えた世界史』(芙容書房出版、二〇〇四年)
拙書『第二次世界大戦と日独伊三国同盟―海軍とコミンテルンの視点から』(錦正社、二〇〇七年)

拙書『日露戦争を世界はどう報じたか』（芙容書房出版、二〇一〇年）
拙書『イズムから見た日本の戦争―モンロー主義・共産主義・アジア主義』（錦正社、二〇一四年）

本書は『日英同盟　同盟の選択と国家の盛衰』（ＰＨＰ新書　二〇〇〇年）を全面改稿し、文庫化したものです。

図版作成　村松明夫

日英同盟《にちえいどうめい》

同盟《どうめい》の選択《せんたく》と国家《こっか》の盛衰《せいすい》

平間洋一《ひらまよういち》

平成27年 8月25日　初版発行
令和7年 2月5日　6版発行

発行者●山下直久

発行●株式会社KADOKAWA
〒102-8177　東京都千代田区富士見2-13-3
電話　0570-002-301(ナビダイヤル)

角川文庫 19326

印刷所●株式会社KADOKAWA
製本所●株式会社KADOKAWA

表紙画●和田三造

●お問い合わせ
https://www.kadokawa.co.jp/(「お問い合わせ」へお進みください)
※内容によっては、お答えできない場合があります。
※サポートは日本国内のみとさせていただきます。
※Japanese text only

ISBN978-4-04-409223-8　C0121

角川文庫発刊に際して

角川源義

第二次世界大戦の敗北は、軍事力の敗北であった以上に、私たちの若い文化力の敗退であった。私たちの文化が戦争に対して如何に無力であり、単なるあだ花に過ぎなかったかを、私たちは身を以て体験し痛感した。西洋近代文化の摂取にとって、明治以後八十年の歳月は決して短かすぎたとは言えない。にもかかわらず、近代文化の伝統を確立し、自由な批判と柔軟な良識に富む文化層として自らを形成することに私たちは失敗して来た。そしてこれは、各層への文化の普及滲透を任務とする出版人の責任でもあった。

一九四五年以来、私たちは再び振出しに戻り、第一歩から踏み出すことを余儀なくされた。これは大きな不幸ではあるが、反面、これまでの混沌・未熟・歪曲の中にあった我が国の文化に秩序と確たる基礎を齎らすためには絶好の機会でもある。角川書店は、このような祖国の文化的危機にあたり、微力をも顧みず再建の礎石たるべき抱負と決意とをもって出発したが、ここに創立以来の念願を果すべく角川文庫を発刊する。これまで刊行されたあらゆる全集叢書文庫類の長所と短所とを検討し、古今東西の不朽の典籍を、良心的編集のもとに、廉価に、そして書架にふさわしい美本として、多くのひとびとに提供しようとする。しかし私たちは徒らに百科全書的な知識のジレッタントを作ることを目的とせず、あくまで祖国の文化に秩序と再建への道を示し、この文庫を角川書店の栄ある事業として、今後永久に継続発展せしめ、学芸と教養との殿堂として大成せんことを期したい。多くの読書子の愛情ある忠言と支持とによって、この希望と抱負とを完遂せしめられんことを願う。

一九四九年五月三日

角川ソフィア文庫ベストセラー

論語
ビギナーズ・クラシックス 中国の古典
加地伸行

孔子が残した言葉には、いつの時代にも共通する「人としての生きかた」の基本理念が凝縮され、現代人にも多くの知恵と勇気を与えてくれる。はじめて中国古典にふれる人に最適。中学生から読める論語入門！

老子・荘子
ビギナーズ・クラシックス 中国の古典
野村茂夫

老荘思想は、儒教と並ぶもう一つの中国思想。「上善は水のごとし」「大器晩成」「胡蝶の夢」など、人生を豊かにする親しみやすい言葉と、ユーモアに満ちた寓話を楽しみながら、無為自然に生きる知恵を学ぶ。

韓非子
ビギナーズ・クラシックス 中国の古典
西川靖二

「矛盾」「株を守る」などのエピソードを用いて法家の思想を説いた韓非。冷静ですぐれた政治思想と鋭い人間分析、君主の君主による君主のための支配を理想とする君主論は、現代のリーダーたちにも魅力たっぷり。

陶淵明
ビギナーズ・クラシックス 中国の古典
釜谷武志

自然と酒を愛し、日常生活の喜びや苦しみをこまやかに描く一方、「死」に対して揺れ動く自分の心を詠んだ田園詩人。「帰去来辞」や「桃花源記」ほかひとつ一つの詩を丁寧に味わい、詩人の心にふれる。

李白
ビギナーズ・クラシックス 中国の古典
筧久美子

大酒を飲みながら月を愛で、鳥と遊び、自由きままに旅を続けた李白。あけっぴろげで痛快な詩は、音読すれば耳にも心地よく、多くの民衆に愛されてきた。豪快奔放に生きた詩仙・李白の、浪漫の世界に遊ぶ。

角川ソフィア文庫ベストセラー

杜甫
ビギナーズ・クラシックス　中国の古典
黒川洋一

若くから各地を放浪し、現実社会を見つめ続けた杜甫。日本人に愛され、文学にも大きな影響を与え続けた「詩聖」の詩から、「兵車行」「石壕吏」などの長編を主にたどり、情熱と繊細さに溢れた真の魅力に迫る。

孫子・三十六計
ビギナーズ・クラシックス　中国の古典
湯浅邦弘

中国最高の兵法書『孫子』と、その要点となる三六通りの戦術をまとめた『三十六計』。語り継がれてきた名言は、ビジネスや対人関係の手引として、実際の社会や人生に役立つこと必至。古典の英知を知る書。

易経
ビギナーズ・クラシックス　中国の古典
三浦國雄

陽と陰の二つの記号で六四通りの配列を作る易は、「主体的に読み解き未来を予測する思索的な道具」として活用されてきた。中国三〇〇〇年の知恵『易経』をコンパクトにまとめ、訳と語釈、占例をつけた決定版。

唐詩選
ビギナーズ・クラシックス　中国の古典
深澤一幸

漢詩の入門書として最も親しまれてきた『唐詩選』。李白・杜甫・王維・白居易をはじめ、朗読するだけで風景が浮かんでくる感動的な詩の世界を楽しむ。初心者にもやさしい解説とすらすら読めるふりがな付き。

史記
ビギナーズ・クラシックス　中国の古典
福島正

司馬遷が書いた全一三〇巻におよぶ中国最初の正史が一冊でわかる入門書。「鴻門の会」「四面楚歌」で有名な項羽と劉邦の戦いや、悲劇的な英雄の生涯など、強烈な個性をもった人物たちの名場面を精選して収録。

角川ソフィア文庫ベストセラー

ビギナーズ・クラシックス 中国の古典
蒙求
今鷹 眞

ビギナーズ・クラシックス 中国の古典
白楽天
下定雅弘

ビギナーズ・クラシックス 中国の古典
十八史略
竹内弘行

ビギナーズ・クラシックス 中国の古典
春秋左氏伝
安本 博

ビギナーズ・クラシックス 中国の古典
詩経・楚辞
牧角悦子

「蛍火以照書」から「蛍の光、窓の雪」の歌が生まれ、「漱石枕流」は夏目漱石のペンネームの由来になった。礼節や忠義など不変の教養逸話も多く、日本でも多く読まれた子供向け歴史故実書から三一編を厳選。

日本文化に大きな影響を及ぼした白楽天。炭売り老人への憐憫や左遷地で見た雪景色を詠んだ代表作ほか、家族、四季の風物、酒、音楽などを題材とした情愛濃やかな詩を味わう。大詩人の詩と生涯を知る入門書。

中国の太古から南宋末までを簡潔に記した歴史書から、注目の人間ドラマをピックアップ。伝説あり、暴君あり、国を揺るがす美女の登場あり。日本人が好んで読んできた中国史の大筋が、わかった気になる入門書!

古代魯国史『春秋』の注釈書ながら、巧みな文章で人々を魅了し続けてきた『左氏伝』。「力のみで人を治めることはできない」「一端発した言葉に責任を持つ」など、生き方の指南本としても読める!

結婚して子供をたくさん産むことが最大の幸福であった古代の人々が、その喜びや悲しみをうたい、神々への祈りの歌として長く愛読してきた『詩経』と『楚辞』。中国最古の詩集を楽しむ一番やさしい入門書。

角川ソフィア文庫ベストセラー

ビギナーズ　日本の思想
空海「秘《ひ》蔵《ぞう》宝《ほう》鑰《やく》」
こころの底を知る手引き

空　海
訳／加藤純隆・加藤精一

『三教指帰』で仏教の思想が最高であると宣言した空海は、多様化する仏教の中での最高のものを、心の発達段階として究明する。思想家空海の真髄を示す、集大成の名著。詳しい訳文でその醍醐味を味わう。

ビギナーズ　日本の思想
空海「般若《はんにゃ》心経《しんぎょう》秘《ひ》鍵《けん》」

空　海
編／加藤精一

宗派や時代を超えて愛誦される「般若心経」。人々の幸せを願い続けた空海は、最晩年にその本質を〈こころ〉で読み解き、後世への希望として記した。名言や逸話とともに、空海思想の集大成をわかりやすく読む。

ビギナーズ　日本の思想
空海「即身成仏義」「声字実相義」「吽字義」

空　海
編／加藤精一

大日如来はどのような仏身なのかを説く「即身成仏義」。言語や文章は全て大日如来の活動とする「声字実相義」。あらゆる価値の共通の原点は大日如来とする「吽字義」。真言密教を理解する上で必読の三部作。

新版
福翁自伝

福沢諭吉
校訂／昆野和七

緒方洪庵塾での猛勉強、遣欧使節への随行、暗殺者におびえた日々——。六〇余年の人生を回想しつつ愉快に語られるエピソードから、変革期の世相、教育に啓蒙に人々を文明開化へ導いた福沢の自負が伝わる自叙伝。

氷川清話
付勝海舟伝

勝　海舟
編／勝部真長

現代政治の混迷は、西欧の政治理論の無定見な導入と信奉にあるのではないか——。先見の洞察力と生粋の江戸っ子気質をもつ海舟が、晩年、幕末維新の思い出や人物評を問われるままに語った談話録。略年譜付載。

角川ソフィア文庫ベストセラー

論語と算盤

渋沢栄一

孔子の教えに従って、道徳に基づく商売をする――。日本実業界の父・渋沢栄一が、後進の企業家を育成するために経営哲学を語った談話集。金儲けと社会貢献の均衡を図る、品格ある経営人のためのバイブル。

渋沢百訓
論語・人生・経営

渋沢栄一

日本実業界の父が、論語の精神に基づくビジネスマンの処し方をまとめた談話集『青淵百話』から五七話を精選。『論語と算盤』よりわかりやすく、渋沢の才気と後進育成への熱意にあふれた、現代人必読の書。

無心ということ

鈴木大拙

無心こそ東洋精神文化の軸と捉える鈴木大拙が、仏教生活の体験を通して禅・浄土教・日本や中国の思想へと考察の輪を広げる。禅浄一致の思想を巧みに展開、宗教的考えの本質をあざやかに解き明かしていく。

新版 禅とは何か

鈴木大拙

宗教とは何か。仏教とは何か。そして禅とは何か。自身の経験を通して読者を禅に向き合わせながら、この究極の問いを解きほぐす名著。初心者、修行者を問わず、人々を本格的な禅の世界へと誘う最良の入門書。

日本的霊性 完全版

鈴木大拙

精神の根底には霊性（宗教意識）がある――。念仏や禅の本質を生活と結びつけ、法然、親鸞、そして鎌倉時代の禅宗に、真に日本人らしい宗教的な本質を見出す。日本人がもつべき心の支柱を熱く記した代表作。

角川ソフィア文庫ベストセラー

漢文脈と近代日本　齋藤希史

漢文は言文一致以降、衰えたのか、日本文化の基盤として生き続けているのか――。古い文体としてではなく、現代に活かす古典の知恵だけでもない、「もう一つのことばの世界」として漢文脈を捉え直す。

新編　日本の面影　ラフカディオ・ハーン　訳/池田雅之

日本の人びとと風物を印象的に描いたハーンの代表作『知られぬ日本の面影』を新編集。「神々の国の首都」「日本人の微笑」ほか、アニミスティックな文学世界や世界観、日本への想いを伝える一一編を新訳収録。

新編　日本の怪談　ラフカディオ・ハーン　訳/池田雅之

「幽霊滝の伝説」「ちんちん小袴」「耳無し芳一」ほか、馴染み深い日本の怪談四二編を叙情あふれる新訳で紹介。小学校高学年程度から楽しめ、朗読や読み聞かせにも最適。ハーンの再話文学を探求する決定版!

ダライ・ラマ「死の謎」を説く　ダライ・ラマ　取材・構成/大谷幸三

チベットの精神的指導者ダライ・ラマ一四世が、輪廻転生の死生観を通してチベット仏教の考え方をわかりやすく説く入門書。非暴力で平和を願う、おおらかなダライ・ラマ自身の人柄を彷彿とさせる好著。

ダライ・ラマ　般若心経を語る　ダライ・ラマ　取材・構成/大谷幸三

観音菩薩の化身、ダライ・ラマがみずから般若心経の価値と意味を語る! 空、カルマ(業)、輪廻、そして仏教の宇宙観、人間の生と死と……日本人に最も愛される経典を理解し、仏教思想の真髄に迫る。

角川ソフィア文庫ベストセラー